www.liebe-mit-style.de

„Das Beste zum Spielen für ein Kind ist ein anderes Kind!“

Friedrich Fröbel

Mike Winter

Liebe mit Kind
Gentleman und Familie: Herausforderung im Alltag
Wie Sie als Mann mit Stil und Kommunikation erfolgreich
Kinder und Paarbeziehung unter einen Hut bringen

Über den Autor: Der gebürtige Rheinländer Mike Winter arbeitet seit über 40 Jahren als freier Autor, Marketingspezialist und Beziehungsexperte für die unterschiedlichsten Unternehmen und Personen. Als Führungskraft und Coach ist er darauf trainiert, Menschen anwendbares Wissen für Beruf und Privatleben zu vermitteln. Das Thema dieses Buches liegt ihm besonders am Herzen, da er Männern ernsthafte Beziehungsprobleme, aber auch den schweren Weg einer Trennung mit Kindern, den er selbst gegangen ist, ersparen möchte. Seit über 10 Jahren betreut Mike Winter seine beiden noch jüngeren Söhne im Doppelresidenzmodell. Als Mann und Gentleman hat er es sich nicht nehmen lassen, seine Kinder nach der Trennung und einer fairen Einigung mit seiner Ex-Frau auf ihrem Lebensweg zu begleiten. Heute lebt er glücklich mit seiner jetzigen Partnerin, Freundin und Geliebten in einer modernen Beziehung.

Bibliografische Information der deutschen Nationalbibliothek: Die deutsche Nationalbibliothek verzeichnet diese Publikation in der deutschen Nationalbibliografie; detaillierte bibliografische Daten sind im Internet über http://dnb.dnb.de abrufbar

Impressum

Liebe mit Kind
Gentleman und Familie: Herausforderung im Alltag
Wie Sie als Mann mit Stil und Kommunikation erfolgreich
Kinder und Paarbeziehung unter einen Hut bringen

Lektorat und Korrektorat: Claudia Pipos, Elsa Breuniger
Bilder: Pixabay, Mike Winter

© April 2023 Mike Winter
Herstellung und Verlag: BoD - Books on Demand, Norderstedt
ISBN 9783750422452

Genderhinweis:

Aus Gründen der besseren Lesbarkeit und Verständlichkeit wird auf die gleichzeitige Verwendung der Sprachformen männlich, weiblich und divers (m/w/d) verzichtet. Sämtliche Personenbezeichnungen gelten gleichermaßen für alle Geschlechter.

Das Buch richtet sich bewusst an eine spezifische Zielgruppe, nämlich Männer in Beziehungen zu Frauen. Die Beschränkung auf diese Zielgruppe soll lediglich der Fokussierung auf das Thema des Buches dienen und stellt keine Diskriminierung oder Ausgrenzung anderer Personengruppen dar. Leser und Leserinnen sind herzlich willkommen.

Für die Männer, die bereits Gentlemen sind oder die Gentlemen werden wollen und dazu bereit sind, eine neue Form von Gentleman-Kultur in unserer Gesellschaft zu etablieren.

Für meine Söhne Marc und Arne – damit etwas bleibt.

In einer Welt voll Licht und Schatten,
Zu zweit vereint, das Glück erhaschen,
Ein Wunder, zart und wunderbar,
Bereichert uns als Liebespaar.

Die kleine Hand, die uns ergreift,
Ein zarter Blick, der uns begleitet,
Gemeinsam stark, im Glück vereint,
Die Liebe wächst, wie sie noch keiner meint.

Ein neues Kapitel, das beginnt,
Die Liebe neu, die uns verbindet,
Durch Kinderhand, das Herz berührt,
In einer Welt voll Licht und Schatten, unentwegt.

Inhalt

Kinder sind eine bedeutende Herausforderung   *13*

Trennungen bei Paaren mit Kindern   *19*

Auswirkungen von Kindern auf die Paarbeziehung   *24*

Sind Kinder immer eine Bereicherung?   24

Der Einfluss von Kindern auf die Paardynamik   26

Positive Aspekte der Paardynamik   32

Negative Aspekte der Paardynamik   33

Herausforderungen meistern   34

Warum Schlafmangel so gefährlich ist   37

Weitere Veränderungen durch ein Kind   39

Die erste Babyausstattung   42

Kommunikation mit Kindern   *47*

Richtig mit Kindern kommunizieren   47

Wenn Kinder betroffen sind   64

Die Wichtigkeit von Offenheit und Ehrlichkeit   67

Konflikte lösen, wenn Kinder im Raum sind   70

Zeitmanagement in einer Beziehung mit Kindern   *75*

Effektive Zeitplanung mit Kindern   77

Die richtigen Prioritäten setzen   80

Delegation in der Paarbeziehung mit Kindern   83

Sex und Intimität als Eltern mit Kindern   *87*

Sexualität und Sex: Was ist das?   87

Paarsexualität – erfüllt und ausgeglichen   96

Was zeichnet eine befriedigende Sexualität aus   100

Unterschiede zwischen Mann und Frau   103

Brauchen Männer mehr Befriedigung als Frauen 104
Masturbation für die Befriedigung zwischendurch 109
Männer sprechen oft nicht über Sexualität 114
Guter Sex ist keine Einbahnstraße 115
Sex und Intimität aufrechterhalten als Paar mit Kind 122
Altersgerechte sexuelle Aufklärung 125
Kommunikation, Kreativität und Sexualität 128

Auswirkungen von Stress auf eine Beziehung mit Kindern 131
Stress in einer Paarbeziehung mit Kindern 131
Was ist Stress und wie geht man damit um? 133
Strategien für die Stressbewältigung 137
Wie man als Partner bei Stress unterstützt 144
Leichtigkeit als Mittel zur Stressreduzierung 150
Kinder mit Kindern spielen lassen 155

Selbstfürsorge in einer Beziehung mit Kindern 158
„Nein" sagen ist Kennzeichen von Selbstfürsorge 160
Kreative Selbstpflege und Intimität (82 Ideen) 164
Selbstfürsorge von Kindern unterstützen 182

Die Rolle der Eltern in einer Beziehung mit Kindern 185
Wie arbeitet man als Eltern erfolgreich zusammen? 185
Welche Rollenbilder sind praktikabel? 190
Elternrolle und Digitalisierung 192
Welche Rolle nimmt ein Gentleman ein? 195
Die Bedeutung von Rollenverteilung in der Familie 196
Grenzen und Regeln setzen: Warum ist das relevant? 197

Gemeinsamkeiten in einer Beziehung mit Kindern 202
Warum gemeinsame Interessen wichtig sind 202
Werte und Leitsätze kurz erklärt 204
Wie man gemeinsame Interessen findet 206
Die Bedeutung von Zeit für ein Paar mit Kindern 208

Wann macht eine Beziehung keinen Sinn mehr   *210*

Beziehung zu Ende? Faktoren die darauf hindeuten   210

Wann ist die Sexualität bei einem Paar gestört?   212

Gewalt ist immer inakzeptabel   214

Liebes- und Kommunikationsentzug ist grausam   218

Wie Frauen und Männer abschließen   223

Nachwort   *229*

Einleitung:

Kinder sind eine bedeutende Herausforderung

Was Sie in diesem Ratgeber erwartet

Sehr geehrte Männer und Gentlemen, Kinder sind immer eine neue und große Herausforderung für eine Partnerschaft, unabhängig davon, wie Mann und Frau in einer Paarbeziehung miteinander umgehen. Wenn Sie in einer Beziehung mit Kindern leben oder bald leben werden, ist es wichtig zu verstehen, wie Kinder die Dynamik Ihrer Beziehung beeinflussen können. Viele Paare glauben, dass Kinder ihre Beziehung bereichern. Leider ist das nicht immer der Fall. Kinder können auch eine Belastung für die Beziehung sein, insbesondere wenn das Paar sich nicht an die Veränderungen anpassen kann, die mit der Elternschaft einhergehen, oder wenn die Beziehung bereits durch frühere ungelöste Konflikte oder Beziehungsprobleme belastet ist. Auch Paare, die eine erfüllte und befriedigende Paarbeziehung haben, stoßen an Grenzen, die eine neue Form der Organisation und des Umgangs miteinander und mit dem Kind erfordern.

Vielleicht ist Ihnen die hier beschriebene Situation schon einmal passiert oder sie wird Ihnen noch passieren: Ein anderer, meist älterer Mann fragt Sie: „Haben Sie Kinder"? Dann wartet er auf Ihre Antwort und schweigt. Beantworten Sie die Frage mit "Ja", akzeptiert er Sie als Familienvater mit einem Kopfnicken und vielleicht weiteren Fragen. Wenn Sie mit „Nein" antworten, nickt er kurz, lächelt und wechselt meist ohne weiteren Kommentar das Thema. Warum erwähne ich das? Nun, Männer, die bereits Familienvater sind und möglicherweise ältere Kinder haben, haben in der Regel den gesamten Prozess einer Liebe mit Kind mit den dazugehörigen Höhen und Tiefen mit ihrer Partnerin durchlaufen und wissen, worum es in diesem Buch geht. Sie sind Wissende oder, wenn man so will, Leidensgenossen. Männer, die sich mit dem Gedanken tragen, Kinder zu bekommen, gehören noch nicht dazu, tun aber gut daran, sich vor der Geburt eines Kindes mit diesen Themen auseinanderzusetzen. Leider sprechen Männer und Gentlemen im Vergleich zu Frauen eher weniger darüber.

Dieses Buch beschäftigt sich deshalb mit den Herausforderungen und Problemen, die auftreten können, wenn Kinder in eine Beziehung involviert sind, und wie Sie diese als Mann und gemeinsam als Paar mit Ihrer Partnerin bewältigen können. Das Buch nimmt Sie mit auf eine spannende Reise durch die vielfältigen Aspekte, die das Leben mit Kindern in einer Paarbeziehung mit sich bringt. Es beschäftigt sich mit verschiedenen Themen, die für das Zusammenleben und die Beziehungsentwicklung von großer Bedeutung sind und zeigen

Ihnen auf, wie Sie damit als Mann und Gentleman praktisch umgehen können.

Das Buch betrachtet den Einfluss von Kindern auf die Paardynamik, indem es aufzeigt, wie Veränderungen im Leben die Beziehung beeinflussen können und welche Auswirkungen der gefürchtete Schlafmangel auf beide Partner hat. Sie erhalten wertvolle Einblicke und Denkanstöße, um Ihre Partnerschaft zu reflektieren und gegebenenfalls zu verbessern. Sie lernen, wie Sie mit Kindern erfolgreich kommunizieren können und welche Bedeutung Offenheit und Ehrlichkeit für Ihre Beziehung haben. Außerdem erfahren Sie, wie Sie Konflikte mit Ihrer Partnerin lösen können, wenn Kinder im Raum sind. Es zeigt Ihnen, wie Sie Ihre Zeit und die sogenannte Paarzeit effektiv planen, wenn Kinder involviert sind, und welche Herausforderungen das Zeitmanagement mit sich bringt. Es geht unter anderem darauf ein, wie Sie Prioritäten setzen und Zeit für sich selbst schaffen können.

Des Weiteren beschäftigt sich das Buch mit dem sensiblen Thema Sexualität und Intimität in einer Beziehung mit Kindern und beleuchtet, wie Sexualität und Intimität aufrechterhalten und gelebt werden können und welche Herausforderungen dabei auf Sie zukommen. Sie erfahren, wie wichtig Kommunikation und Kreativität für den Sex als Paar mit Kind(ern) sind und welche Konsequenzen das Thema für manche Männer und Frauen in der Partnerschaft hat, wenn Sexualität vor der Geburt eines Kindes ein aktives und gelebtes Thema war, danach aber an Bedeutung verliert.

Im weiteren Verlauf des Buches erfahren Sie, welche Folgen Stress haben kann und welche Bewältigungsstrategien helfen können. Außerdem zeigt das Buch auf, wie Sie sich als Paar mit Kind(ern) gegenseitig unterstützen und aufbauen können. Ein weiteres wichtiges Thema ist die Selbstfürsorge in einer Beziehung mit Kind(ern). Sie lernen, warum Selbstfürsorge wichtig ist, wie Sie Zeit dafür finden und wie Sie Selbstfürsorge als Paar praktizieren können.

Auch die Rolle der Eltern in einer Beziehung mit Kindern kommt zur Sprache, indem gezeigt wird, wie Sie als Eltern erfolgreich zusammenarbeiten können und wie wichtig die Rollenverteilung in der Familie ist. In diesem Zusammenhang geht das Buch auch auf das Setzen von Grenzen und Regeln ein. Und erklärt, warum gemeinsame Interessen für Sie als Paar mit Kind(ern) wichtig sind, wie Sie diese finden und welche Bedeutung diese für Ihre gemeinsame Zeit als Paar haben.

Welche Anzeichen dafür sprechen, dass eine Beziehung vielleicht keinen Sinn mehr macht, ist ebenfalls Thema dieses Buches. Warum es manchmal sinnvoll ist, einfach loszulassen, um einen anderen Weg zu gehen, erfahren Sie im letzten Kapitel.

Wenn es nur einen Faktor geben würde, der für eine funktionierende Paarbeziehung entscheidend ist, wäre das wahrscheinlich die Kommunikation. Eine offene, ehrliche und respektvolle Kommunikation ist unerlässlich für eine erfolgreiche

Beziehung. Ohne eine klare und effektive Kommunikation können Missverständnisse, Konflikte und andere Probleme entstehen.

Kommunikation beinhaltet nicht nur das Sprechen, sondern auch das Zuhören. Es geht darum, dem Partner zuzuhören und zu verstehen, was er oder sie sagt und fühlt. Es geht auch darum, sich auszudrücken und ehrlich und klar zu kommunizieren, was man selbst denkt und fühlt. Durch eine offene Kommunikation können Probleme schnell und effektiv gelöst werden. Kommunikation ist ein entscheidender Faktor für eine erfolgreiche Beziehung.

Wundern Sie sich also bitte nicht, wenn „Kommunikation" in diesem Buch zu verschiedenen Themen immer wieder in Bezug gesetzt wird.

Dieses Buch ist für Männer geschrieben, die sich gemeinsam mit ihrer Partnerin weiterentwickeln oder von Anfang an alles richtig machen wollen. Es hat wenig Sinn, die Erkenntnisse aus diesem Buch vor der Partnerin zu verheimlichen. Wenn Sie erfolgreich sein wollen, müssen Sie mit Ihrer Partnerin im Sinne einer guten Kommunikation darüber sprechen und sich darüber austauschen, was Ihnen beiden als Paar, Ihrer Partnerin als Frau und Ihnen als Mann in Ihrer Beziehung guttun würde. Am besten geben Sie Ihrer Partnerin das Buch in die Hand, nachdem Sie es gelesen haben.

Sie sind als Mann und als Gentlemen zusammen mit Ihrer Partnerin dazu eingeladen, sich auf diese Themen einzulassen und gemeinsam mit uns einfache Erkenntnisse und Inspirationen für Ihre Beziehung, für Ihre Intimität und das Zusammenleben mit Kindern zu gewinnen und wünschen Ihnen eine anregende Lektüre.

Vorwort

Trennungen bei Paaren mit Kindern

Die Zahl der Trennungen von Ehepaaren mit Kindern ist in Deutschland laut Statistik leicht rückläufig, aber mit über 140.000 immer noch sehr hoch. Im Jahr 2021 wurden laut Statistischem Bundesamt und Statista 0,7 Prozent weniger Ehen geschieden als im Jahr 2020. Seit 2012 ist die Zahl der Ehescheidungen mit Ausnahme des Jahres 2019 kontinuierlich gesunken. Etwa die Hälfte der Paare hatte minderjährige Kinder, insgesamt waren rund 120.000 Kinder betroffen. Allerdings ist auch die Zahl der Eheschließungen auf einen historischen Tiefstand gesunken. Im Jahr 2021 wurden rund 4 Prozent weniger Ehen geschlossen als im Jahr 2020, in dem bereits rund 10 Prozent weniger Ehen geschlossen wurden. Rund 67% der Paare mit jüngeren Kindern waren auf die Erwerbstätigkeit beider Elternteile angewiesen.

Bei der Geburt des ersten Kindes sind Väter heute etwa 33 Jahre und die Mütter 30 Jahre alt. Etwa 20% der Familien in Deutschland sind alleinerziehend. Die Gründe für Trennungen sind vielfältig und reichen von gesellschaftlichen Veränderungen über wirtschaftliche Herausforderungen bis hin zur Digitalisierung [1].

Eines der grundlegenden Probleme, das zur Zunahme von Trennungen beiträgt, ist der Wandel der gesellschaftlichen Erwartungen und Werte. In der Vergangenheit lag der Fokus stärker auf der Familie als Einheit, und Trennungen waren weniger akzeptiert. Heute jedoch wird mehr Wert auf individuelles Glück und persönliche Erfüllung gelegt, was dazu führen kann, dass Paare schneller bereit sind, eine unglückliche Beziehung zu beenden. Einige Paare heiraten deshalb auch lieber nicht.

Ein weiterer wichtiger Faktor ist der Stress und Druck, denen moderne Familien ausgesetzt sind. Berufliche Anforderungen, finanzielle Belastungen und der Wunsch, in verschiedenen Lebensbereichen erfolgreich zu sein, können zu Spannungen und Konflikten in der Partnerschaft führen. Zudem verbringen Paare aufgrund der gestiegenen Erwerbstätigkeit beider Partner häufig weniger Zeit miteinander, was die emotionale Verbindung und Kommunikation beeinträchtigen kann.

Unerfüllte Sexualität, die nach der Geburt von Kindern sowohl bei Frauen als auch bei Männern gleichermaßen auftritt, kann

---

(1): Das Kita-Handbuch, Martin R.Textor und Antje Bostelmann, Webrecherche vom 22.03.2023, Aktuelle statistische Daten zu Familie und Kinder, https://www.kindergartenpaedagogik.de/fachartikel/soziologie/2358/

für sexuell aktive Menschen ein wichtiger Trennungsgrund sein, auch wenn die Zusammenarbeit als Paar mit Kindern ansonsten gut funktioniert. Gerade in solchen Fällen, bei denen das Paar vor der Geburt sexuell sehr aktiv war.

Die Digitalisierung spielt ebenfalls eine Rolle bei der Zunahme von Trennungen bei Paaren mit Kindern. Einerseits hat die ständige Verfügbarkeit von Kommunikationstechnologien und sozialen Medien dazu geführt, dass Paare immer weniger Zeit für echte, tiefgründige Gespräche miteinander haben. Die Aufmerksamkeit wird durch Smartphones und andere Geräte abgelenkt, was die Qualität der gemeinsamen Zeit mindert, und das Gefühl der Verbundenheit verringert. Andererseits kann die Digitalisierung auch das Entstehen neuer Beziehungen begünstigen, zum Beispiel durch Online-Dating-Plattformen oder soziale Netzwerke, was aber wiederum auch zu Untreue und Trennungen führen kann.

Die Trennung von Paaren mit Kindern hat auch Auswirkungen auf die Kinder selbst. Die Trennung der Eltern kann für die Kinder emotional belastend sein und zu Problemen wie Angst, Trauer oder Schuldgefühlen führen. Darüber hinaus sind die betroffenen Kinder häufig mit Veränderungen in ihrem Alltag konfrontiert, wie z. B. Umzug, Schulwechsel oder Anpassung an die getrennten Eltern und deren neue Lebensumstände.

Die hohe Zahl der Trennungen von Paaren mit Kindern und der hohe Anteil alleinerziehender Väter und Mütter ist also ein komplexes Phänomen unserer Zeit, das von verschiedenen

Faktoren beeinflusst wird. Gesellschaftliche Veränderungen, ein moderner Lebensstil mit größerer Flexibilität bei der Partnerwahl, weniger Verbindlichkeit in Paarbeziehungen und die fortschreitende Digitalisierung tragen dazu bei, dass Paare heute mehr denn je unter Druck stehen.

Paare müssen lernen, die Herausforderungen gemeinsam zu meistern und ihre Beziehung kontinuierlich zu pflegen, wenn sie von Dauer sein soll. Vor allem, wenn Kinder ins Spiel kommen.

Sich dieser Herausforderung als Mann und Gentleman zu stellen, ist sicher nicht einfach und hängt von der Wahl der Partnerin und der Einstellung zu ihr ab. Die richtige Partnerwahl ist entscheidend für die Gründung einer Familie mit Kindern, denn eine gut funktionierende Partnerschaft ist die Grundlage für eine stabile und liebevolle Familie. Dies hat einen großen Einfluss auf das Wohlbefinden und die Entwicklung der Kinder. Emotionale Stabilität spielt in Ihrer Familie eine wichtige Rolle. Eine glückliche und harmonische Beziehung fördert ein stabiles Umfeld, in dem Ihre Kinder aufwachsen und sich zu emotional intelligenten, erfolgreichen und zufriedenen Erwachsenen entwickeln können.

Es ist wichtig, einen Partner zu wählen, der ähnliche Werte und Erziehungsziele teilt, um die Zusammenarbeit bei der Kindererziehung zu erleichtern. Gemeinsame Werte und Ziele helfen Ihnen, ein stimmiges und unterstützendes Umfeld für

Ihre Kinder zu schaffen und mögliche Konflikte in der Erziehung zu vermeiden oder zu verringern.

Zusammenarbeit, neudeutsch Teamwork, zeichnet eine funktionierende Partnerschaft aus. Wenn Sie und Ihr Partner gut miteinander auskommen und sich gegenseitig unterstützen, sind Sie besser in der Lage, die Herausforderungen des Familienlebens zu meistern und Ihren Kindern ein sicheres und geborgenes Umfeld zu bieten. Wenn Sie sicher sein wollen, dass Sie und Ihre Frau oder Partnerin in den wesentlichen Punkten zusammenpassen, kann dieses Buch für Sie und die Mutter oder zukünftige Mutter Ihrer Kinder eine wertvolle Hilfe sein.

Kapitel 1:

Auswirkungen von Kindern auf die Paarbeziehung

Sind Kinder immer eine Bereicherung?

Kinder sind zweifellos eine Bereicherung im Leben, können aber auch eine Herausforderung darstellen, insbesondere wenn es um die Auswirkungen auf die Partnerschaft geht. Viele Paare unterschätzen die Veränderungen, die Elternschaft mit sich bringt, und sind oft unvorbereitet auf die Auswirkungen auf ihre Beziehung. Dies liegt häufig daran, dass die werdenden Väter unvorbereitet und naiv in die Veränderung gehen und das Wissen darüber von den werdenden Großvätern nicht aktiv weitergegeben wird oder wurde. Männer und Gentlemen sind sich nämlich oft nicht bewusst, welche Veränderungen auf die Paarbeziehung zukommen, wenn eine Frau Mutter wird und ihren Fokus nicht mehr auf den Partner, sondern auf das Kind richtet.

In diesem Kapitel geht es deshalb darum, wie Kinder eine Paarbeziehung beeinflussen können, welche Veränderungen auftreten können und wie man damit umgehen kann.

Eine der größten Veränderungen, die die Geburt eines Kindes mit sich bringt, ist die Veränderung des gesamten Lebensstils. Plötzlich dreht sich alles um das Kind und das Paar muss sich an eine neue Routine gewöhnen. Die Prioritäten ändern sich und die Bedürfnisse des Kindes rücken in den Vordergrund. Dies kann zu Konflikten und Spannungen in der Beziehung führen, wenn das Paar nicht in der Lage ist, sich an die neue Situation anzupassen und nicht ausreichend miteinander kommuniziert. Ein weiterer Faktor, der die Paardynamik beeinflussen kann, ist der Schlafmangel. Babys und Kleinkinder benötigen viel Aufmerksamkeit und Aufsicht, was dazu führt, dass Eltern oft schlaflosen Nächten ausgesetzt sind. Dieser Schlafmangel kann die Fähigkeit zur Konfliktlösung beeinträchtigen und zu einer erhöhten Reizbarkeit führen.

Die Veränderung der Rollen und Verantwortlichkeiten in der Partnerschaft hat ebenfalls einen großen Einfluss. Die traditionelle Rollenverteilung zwischen den Eltern hat sich in den letzten Jahren verändert, da immer mehr Frauen berufstätig sind. Dies bedeutet, dass die Zuständigkeiten innerhalb der Partnerschaft neu ausgehandelt werden müssen, um sicherzustellen, dass beide Partner in ausgewogener Weise an der Erziehung der Kinder beteiligt sind.

Auch der Einfluss von Verwandten und Freunden sollte nicht unterschätzt werden. Gerade bei jungen Eltern kann es vorkommen, dass Familienangehörige und Freunde ihre Meinungen und Ansichten zur Kindererziehung äußern, was zu Konflikten in der Beziehung führen kann. Es ist wichtig, dass das

Paar gemeinsam entscheidet, wie es sein Kind erziehen möchte, und dass es in der Lage ist, seine Entscheidungen gegenüber Familie und Freunden zu vertreten.

Schließlich kann auch der finanzielle Druck, der mit der Kindererziehung verbunden ist, zu Problemen in der Beziehung führen. Die Kosten für die Betreuung, Kleidung und Ausbildung der Kinder können beträchtlich sein, und der finanzielle Druck kann zu Konflikten führen, wenn das Paar nicht in der Lage ist, seine Finanzen effizient zu verwalten.

Es ist wichtig, dass sich ein Paar der Auswirkungen bewusst ist, die Kinder auf die Beziehung haben können, und dass es gemeinsam Strategien entwickelt, um mit diesen Herausforderungen umzugehen. Es ist dabei zu berücksichtigen, dass jedes Paar anders ist und dass die Auswirkungen von Kindern auf eine Paarbeziehung individuell sind. Manche Paare können mit den Veränderungen gut umgehen, andere haben damit zu kämpfen. Jedes Paar muss seinen eigenen Weg finden, mit diesen Veränderungen umzugehen und eine starke und glückliche Beziehung aufrechtzuerhalten.

Der Einfluss von Kindern auf die Paardynamik

Die Geburt eines Kindes kann als eine der größten Veränderungen in einer Paarbeziehung angesehen werden. Wenn ein Paar zum ersten Mal Eltern wird, verändert sich die Dynamik des Paares, da Prioritäten und Verantwortlichkeiten neu verteilt werden. Während einige Paare diese Veränderungen als Bereicherung empfinden, haben viele damit zu kämpfen. Viele Männer und Frauen tun ihr Bestes, aber fast alle unterschätzen die Auswirkungen, die mit der Veränderung der Frau und ihrer neuen Rolle als Mutter einhergehen. Ein Baby verlangt ungeteilte Aufmerksamkeit, die plötzlich nicht mehr für beide Partner zur Verfügung steht. Dies führt häufig zu einem Verlust an Nähe zwischen den Partnern, obwohl die Liebe zum Kind bei beiden vorhanden ist.

Der Einfluss von Kindern auf die Paardynamik kann sowohl positiv als auch negativ sein. Einerseits kann die Geburt eines Kindes zu einer stärkeren Bindung des Paares führen. Auch die gemeinsame Arbeit für das Wohl des Kindes kann die Beziehung stärken. Die Geburt eines Kindes kann auch dazu führen, dass sich das Paar als Familie verbunden fühlt und gemeinsame Ziele und Träume hat. Andererseits kann die Geburt eines Kindes auch zu Konflikten und Spannungen führen. Die Verantwortung und der Stress, die mit der Erziehung eines Kindes verbunden sind, können zu Konflikten und Meinungsverschiedenheiten führen, insbesondere wenn das Paar nicht in der Lage ist, seine Kommunikations- und Konfliktlösungsfähigkeiten zu verbessern.

Eine weitere Herausforderung kann die Veränderung der Rollen und Verantwortlichkeiten in der Partnerschaft sein. Die traditionelle Rollenverteilung zwischen den Eltern hat sich in den letzten Jahren verändert, da immer mehr Frauen berufstätig sind. Dies bedeutet, dass die Verantwortlichkeiten innerhalb der Beziehung neu ausgehandelt werden müssen, um sicherzustellen, dass sich beide Partner gleichermaßen an der Kindererziehung beteiligen.

Ein Baby kann die sexuelle Beziehung eines Paares negativ beeinflussen, da Neugeborene und junge Babys oft einen unregelmäßigen Schlaf-Wach-Rhythmus haben, der zu Schlafmangel und Erschöpfung führt. Dies wiederum kann zu Reizbarkeit und geringerem Interesse an sexueller Intimität führen. Darüber hinaus können die körperlichen Veränderungen der Mutter nach der Geburt das Selbstwertgefühl und das Verlangen nach Sex und körperlicher Intimität beeinträchtigen. Schließlich kann die Anpassung an die Elternrolle und die zusätzliche Verantwortung die Zeit und Energie, die ein Paar für seine Beziehung aufbringen kann, einschränken, was sich in der Regel auch auf die sexuelle Beziehung auswirkt. Für einen sexuell aktiven Mann und Gentleman kann dies bedeuten, dass er sich in seiner Sexualität einschränken muss. Männer sprechen nicht offen darüber, aber die meisten sind oder waren davon betroffen, weil sich die Aufmerksamkeit einer jungen Mutter durch die drastische hormonelle Veränderung bei der Geburt zunächst ausschließlich auf das Kind richtet.

Es ist wichtig, dass ein Paar gemeinsam daran arbeitet, diese enormen Veränderungen zu bewältigen und seine Beziehung zu stärken. Indem sie ihre Kommunikations- und Konfliktlösungsfähigkeiten verbessern und gemeinsam Strategien für den Umgang mit Stress und Verantwortung entwickeln, können sie eine glückliche und gesunde Beziehung aufrechterhalten.

Es gibt jedoch auch Argumente gegen die Vorstellung, dass Kinder eine Paarbeziehung stärken können. Einige Kritiker argumentieren, dass die Geburt eines Kindes zu Konflikten und Spannungen führen kann, da das Paar gezwungen ist, seine Zeit und Ressourcen auf das Kind, anstatt auf die Beziehung zu konzentrieren. Sie argumentieren auch, dass der mit der Kindererziehung verbundene Stress das Paar emotional, finanziell und sexuell belasten kann, wodurch es schwieriger wird, eine glückliche Beziehung aufrechtzuerhalten.

Es ist unumgänglich, dass ein Paar sich der möglichen Veränderungen bewusst ist und gemeinsam daran arbeitet, seine Beziehung zu stärken.

Paare können daran arbeiten, ihre Paardynamik zu verbessern, indem sie sich auf grundlegende Maßnahmen konzentrieren:

Verbesserung der Kommunikation: Offene und ehrliche Kommunikation ist der Schlüssel zu einer gesunden Beziehung. Paare können ihre Kommunikation verbessern, indem sie sich Zeit nehmen, um miteinander zu sprechen und einander zuzuhören, ohne sich ablenken zu lassen. Es ist notwendig, Gedanken und Gefühle auszutauschen und Konflikte frühzeitig anzusprechen, um Missverständnisse und Unstimmigkeiten zu vermeiden. Das gilt auch für die Sexualität, die oft ausgeklammert wird, weil sich beide Partner im Überschwang der Gefühle verständlicherweise den Bedürfnissen des Kindes unterordnen.

Zeit als Paar verbringen: Paare müssen sich Zeit füreinander nehmen und gemeinsamen Interessen nachgehen. Sie können zusammen Sport treiben, kochen, Ausflüge machen oder einfach Zeit zu Hause verbringen. Wenn sie sich Zeit füreinander nehmen, können sie ihre Beziehung stärken und ihre Bindung vertiefen. Es geht um Zeit als Paar ohne Kind, nicht um Zeit als Paar mit Kind. Vielen jungen Müttern fällt es schwer, dafür loszulassen.

Rollenverteilung klären: Eine klare Rollenverteilung in der Partnerschaft kann helfen, Konflikte zu vermeiden. Paare sollten klären, wer welche Aufgaben bei der Kindererziehung übernimmt und wie sie sich gegenseitig unterstützen können, um eine effektive Zusammenarbeit zu gewährleisten. Ein Mann sorgt dafür, dass die Mutter entlastet wird, damit sie zwischendurch genügend Schlaf bekommt und sich um sich selbst kümmern kann.

Unterstützung suchen: Paare sollten sich nicht scheuen, Unterstützung von außen zu suchen, wenn sie das Gefühl haben, dass sie diese brauchen. Sie können Freunde, Familie oder professionelle Hilfe in Anspruch nehmen, um ihre Beziehung zu stärken und sich gegenseitig bei der Bewältigung von Herausforderungen zu unterstützen.

Eine Geschichte, die diese Praktiken in der Praxis veranschaulicht, ist die von Anna und Tom. Anna und Tom sind Eltern von zwei kleinen Kindern und haben das Gefühl, dass ihre Beziehung auf der Strecke bleibt. Sie sind müde und gestresst und haben das Gefühl, keine Zeit füreinander zu haben. Auch körperlich sind sie sich nicht mehr so nahe wie vor der Geburt der Kinder. Die Nähe hat stark gelitten. Nach einer Reihe von Konflikten und kleineren Auseinandersetzungen beschließen sie, gemeinsam an der Stärkung ihrer Beziehung zu arbeiten. Sie beginnen, ihre Kommunikation zu verbessern, indem sie sich jeden Tag 10 Minuten Zeit nehmen, um miteinander zu sprechen und sich aufeinander zu konzentrieren. Sie teilen ihre Gedanken und Gefühle und hören einander ohne Ablenkung zu. Gleichzeitig vereinbaren sie, sich während des Gesprächs an den Händen zu halten, sich in die Augen zu schauen und sich so auch körperlich ein Stück näher zu kommen. Sie lassen kein Thema aus und bleiben im Gespräch. Sie beschließen auch, mehr Zeit als Paar zu verbringen, indem sie alle 14 Tage einen gemeinsamen Abend planen, an dem sie etwas unternehmen, das beiden Spaß macht. Sie organisieren einen Babysitter und verbringen den Abend zusammen, ohne sich um das Kind kümmern zu müssen. Sie klären auch ihre Rollenverteilung, indem sie die Verantwortung für die Kindererziehung aufteilen und sich gegenseitig unterstützen. Sie setzen klare Grenzen und Regeln und arbeiten bei der Erziehung eng zusammen.

Durch diese Praktiken gelingt es Anna und Tom auch, ihre Beziehung zu stärken und ihre Bindung als Paar zu vertiefen. Sie fühlen sich gegenseitig unterstützt, haben wieder mehr intime Zeit für sich und können Herausforderungen gemeinsam meistern. Es fällt beiden leichter, sich auf die positiven Aspekte der Paardynamik als frischgebackene Eltern zu konzentrieren.

Aber was sind eigentlich die positiven und negativen Aspekte, die die Paardynamik beeinflussen, wenn Kinder kommen?

Positive Aspekte der Paardynamik

Stärkung der Bindung: Die Geburt eines Kindes kann die Bindung zwischen den Partnern stärken, wenn sie sich gemeinsam um das Kind kümmern und ein neues Leben aufbauen.

Gemeinsame Ziele und Träume: Wenn ein Paar ein Kind bekommt, haben sie oft gemeinsame Ziele und Träume, die sie miteinander teilen. Dies kann dazu beitragen, die Beziehung zu stärken und das Paar einander näher zu bringen.

Erfüllung: Die Erziehung eines Kindes kann eine erfüllende Erfahrung sein, die das Paar enger zusammenschweißt und ihm das Gefühl gibt, einen wichtigen Beitrag zu leisten.

Verantwortung: Die Verantwortung für ein Kind kann dazu beitragen, dass das Paar reifer und verantwortungsbewusster wird, was sich positiv auf die Beziehung auswirken kann.

Negative Aspekte der Paardynamik

Stress: Kindererziehung kann stressig sein und zu Konflikten und Spannungen in der Beziehung führen, insbesondere wenn das Paar nicht in der Lage ist, effektiv zu kommunizieren und Konflikte zu lösen.

Schlafmangel: Der mit der Kindererziehung verbundene Schlafmangel kann die Fähigkeit zur Konfliktlösung beeinträchtigen und zu erhöhter Reizbarkeit führen.

Finanzielle Belastung: Die Kosten für die Betreuung, Kleidung und Ausbildung von Kindern können erheblich sein, und die finanzielle Belastung kann zu Konflikten führen, wenn das Paar nicht in der Lage ist, seine Finanzen effizient zu verwalten.

Veränderung der Rollenverteilung: Die Veränderung der Rollen und Verantwortlichkeiten in der Beziehung kann zu Konflikten führen, insbesondere wenn das Paar Schwierigkeiten hat, eine ausgewogene und gerechte Aufgabenverteilung zu finden.

Mangelnde Intimität und Sexualität: Da sich die Aufmerksamkeit ganz auf das Kind richtet, vergessen viele Paare, sich um ihre eigenen Bedürfnisse nach Nähe und Intimität zu kümmern. Für Menschen, denen diese Dinge vor der Geburt des Kindes sehr wichtig waren, kann dies sehr frustrierend sein und unter Umständen die Partnerschaft gefährden.

Es ist jedoch zu betonen, dass jede Beziehung und jede Familie anders ist und dass die Auswirkungen von Kindern auf eine Paarbeziehung individuell sind. Paare sollten sich bewusst sein, welche Auswirkungen die Erziehung von Kindern auf ihre individuelle Beziehung haben kann und sich darauf vorbereiten, indem sie schon vor der Geburt des Kindes über die wichtigen Dinge sprechen und so ihre Beziehung auf die großen Veränderungen vorbereiten.

Herausforderungen meistern

Paare müssen gemeinsam an der Bewältigung dieser Herausforderungen arbeiten, um ihre Beziehung zu stärken und zu schützen. Lassen Sie uns direkt über erste Lösungen sprechen:

Zeitmanagement: Paare können Stress reduzieren, indem sie ihren Tagesablauf planen und Zeit für Entspannung und Erholung einplanen. Sie können auch ihre Zeit als Familie oder Paar planen, um sicherzustellen, dass sie genügend Zeit füreinander haben.

Selbstfürsorge: Es ist wichtig, dass Paare auf sich achten, indem sie ausreichend schlafen, sich gesund ernähren und regelmäßig Sport treiben. Ein gesunder Lebensstil kann dazu beitragen, Stress abzubauen und die Belastbarkeit zu erhöhen. Selbstfürsorge bedeutet, etwas für sich selbst zu tun ohne schlechtes Gewissen. Mütter lehnen es aus schlechtem Gewissen gegenüber der Familie und der Gesellschaft bzw. Öffentlichkeit oft ab, für sich selbst zu sorgen.

Kommunikation: Eine offene und ehrliche Kommunikation kann helfen, Konflikte zu vermeiden. Paare sollten ihre Gedanken und Gefühle austauschen und Probleme frühzeitig ansprechen, um Missverständnisse und Unstimmigkeiten zu vermeiden.

Hilfe suchen: Es ist wichtig, dass Paare sich nicht scheuen, Hilfe von außen zu suchen, wenn sie das Gefühl haben, dass sie Unterstützung brauchen. Sie können Freunde, Familie oder professionelle Hilfe in Anspruch nehmen, um ihre Belastbarkeit zu erhöhen und ihre Beziehung zu stärken.

Schlafmangel reduzieren: Paare sollten sich gegenseitig unterstützen und sich bei der Betreuung des Kindes abwechseln, um sicherzustellen, dass beide genug Schlaf bekommen. Paare sollten ihre Schlafgewohnheiten verbessern, indem sie eine feste Schlafroutine einhalten und sich an bestimmte Schlafgewohnheiten halten, wie z. B. in einem dunklen Raum zu schlafen. Wenn der Schlafmangel zu groß wird, sollten Paare nicht zögern, sich Hilfe von außen zu holen. Sie können einen Babysitter oder einen Verwandten um Hilfe bitten, um sicherzustellen, dass sie genügend Schlaf bekommen.

Verringerung der finanziellen Belastung: Es ist wichtig, dass Paare ein Budget aufstellen und ihre Ausgaben im Auge behalten, um sicherzustellen, dass sie innerhalb ihrer finanziellen Möglichkeiten leben. Paare sollten erwägen, ihre Finanzen gemeinsam zu verwalten und ein gemeinsames Bankkonto zu eröffnen, um die Transparenz und Zusammenarbeit zu verbessern oder auf andere Weise für einen gerechten Ausgleich zu sorgen. Paare sollten realistische Erwartungen an ihre finanzielle Situation haben und akzeptieren, dass es Zeiten geben kann, in denen sie sparsam leben müssen, um ihre finanzielle Stabilität zu erhalten. Paare können nach zusätzlichen Einkommensquellen wie Teilzeit- oder Nebenjobs suchen, um ihre finanzielle Situation zu verbessern.

Faire Rollenverteilung: Es ist notwendig, dass Paare offen über ihre Erwartungen und Bedürfnisse bei der Aufgabenverteilung sprechen. Sie sollten eine ausgewogene Aufgabenverteilung anstreben, die für beide Partner fair und machbar ist. Paare sollten flexibel und bereit sein, ihre Rollen und Verantwortlichkeiten anzupassen, wenn sich die Bedürfnisse und Anforderungen ändern.

Paare müssen als Team zusammenarbeiten und sich gegenseitig bei der Bewältigung der Aufgaben unterstützen. Eine Aufgabenliste kann den Paaren helfen, ihre Aufgaben und Verantwortlichkeiten im Auge zu behalten und sicherzustellen, dass alle Aufgaben erledigt werden. Es ist wichtig, dass Paare lernen, Aufgaben zu delegieren und Hilfe von außen in Anspruch zu nehmen, wenn sie das Gefühl haben, Unterstützung zu benötigen. Insgesamt gibt es viele Möglichkeiten, wie Paare daran arbeiten können, die negativen Aspekte der Kindererziehung zu bewältigen und ihre Beziehung zu stärken. Es beginnt damit, sich durchdacht auf die kommenden Veränderungen vorzubereiten. Wenn Sie zum Beispiel als Mann und Gentleman auch im Haushalt mithelfen, trägt das wesentlich zur Entlastung Ihrer Partnerin bei.

Warum Schlafmangel so gefährlich ist

Schlafmangel ist ein Zustand, in dem eine Person nicht genügend Schlaf erhält, um ihre körperlichen und geistigen Funktionen aufrechtzuerhalten. Es wird von Seiten der Schlafforscher empfohlen, dass Erwachsene mindestens sieben Stunden pro Nacht schlafen sollten, um ausgeruht und erfrischt zu sein. Schlafmangel kann jedoch zu zahlreichen Veränderungen im Körper und im Gehirn führen und hat viele negative Auswirkungen auf die Gesundheit.

Schlafmangel kann sich auf viele Lebensbereiche auswirken. Man fühlt sich müde, gereizt und unkonzentriert. Dies kann sich auf die Arbeit, die Beziehungen und die allgemeine Lebensqualität auswirken. Schlafmangel kann auch zu einer Schwächung des Immunsystems führen, wodurch sich das Infektionsrisiko erhöht.

Ein weiteres Problem, das mit Schlafmangel einhergeht, ist die Störung des Stoffwechsels. Menschen, die zu wenig schlafen, können ein erhöhtes Risiko für Diabetes und Fettleibigkeit haben. Dies ist darauf zurückzuführen, dass Schlafmangel den Hormonhaushalt beeinflussen und zu einer erhöhten Produktion von Hormonen führen kann, die den Appetit steigern und den Stoffwechsel verlangsamen.

Schlafmangel kann auch zu einer Beeinträchtigung der kognitiven Funktionen führen, wie der Konzentration, dem Gedächtnis und der Entscheidungsfindung. Dies kann insbesondere bei Menschen gefährlich sein, die in Berufen arbeiten, die eine hohe Konzentration erfordern, wie zum Beispiel Chirurgen oder Piloten.

Eine weitere Gefahr von Schlafmangel ist das Unfallrisiko. Wer zu wenig schläft, ist bei Tätigkeiten wie Autofahren oder dem Bedienen von Maschinen leicht abgelenkt oder schläft sogar ein. Dies kann nicht nur für sie selbst, sondern auch für andere Personen in ihrer Umgebung gefährlich sein.

Schlafmangel kann zu einer Vielzahl von Problemen führen, die sich auf die Gesundheit, die Arbeit und das allgemeine Wohlbefinden auswirken können. Um dies zu vermeiden, ist es wichtig, genügend Schlaf zu bekommen und dafür zu sorgen, dass man genügend Zeit dafür einplant. Das gilt insbesondere für Paare, die sich um ihre kleinen Kinder kümmern und deshalb nicht genügend Schlaf bekommen.

Wenn Schlafmangel jedoch zu einem chronischen Problem wird, sollte ein Arzt aufgesucht werden, um mögliche zugrunde liegende Erkrankungen auszuschließen und geeignete Behandlungsmöglichkeiten zu finden.

Weitere Veränderungen durch ein Kind

Welche weiteren Veränderungen kommen auf ein Paar zu, dass sein erstes Kind bekommt? Worauf sollte das Paar in der konkreten Vorbereitung auf das Kind vorbereitet sein? Was muss bedacht und geregelt werden?

Die Geburt des ersten Kindes bringt viele Veränderungen mit sich und ist sicherlich eine der aufregendsten, aber auch herausforderndsten Phasen im Leben eines Paares. Es gibt viele Dinge, auf die man sich als Paar vorbereiten sollte, um sicherzustellen, dass alles bereit ist, wenn das Baby kommt:

Babyausstattung: Das Paar sollte alle notwendigen Babyutensilien kaufen oder leihen, z. B. ein Kinderbett, einen Kinderwagen und eine Babyschale. Es ist auch wichtig, sich über Sicherheitsstandards und Empfehlungen zu informieren.

Einrichtung des Kinderzimmers: Das Paar sollte das Kinderzimmer so einrichten, dass es für das Baby sicher und bequem ist.

Kinderbetreuung: Das Paar sollte eine Kinderbetreuung organisieren, wenn beide berufstätig sind oder gelegentlich Zeit für sich allein brauchen.

Finanzen: Das Paar sollte seine Finanzen prüfen und sich auf die zusätzlichen Kosten vorbereiten, die mit der Kindererziehung verbunden sind. Es ist wichtig, ein Budget zu erstellen und sicherzustellen, dass sie ihre Finanzen im Griff haben.

Elternzeit: Das Paar sollte sich über das Thema Elternzeit informieren und besprechen, wer wie lange zu Hause bleibt, um das Kind zu betreuen.

Geburtsvorbereitungskurs: Es ist ratsam, dass das Paar an einem Geburtsvorbereitungskurs teilnimmt, um sich auf die Ankunft eines Kindes körperlich, mental und/oder psychisch vorzubereiten. Das nimmt Ängste und sorgt für mehr Selbstvertrauen.

Gesundheitliche Vorbereitung: Das Paar sollte sich über die gesundheitlichen Aspekte von Schwangerschaft und Geburt informieren. Dazu gehören zum Beispiel die Ernährung der Schwangeren, körperliche Aktivität, medizinische Versorgung und die Vorbereitung auf die Geburt.

Netzwerk aufbauen: Das Paar sollte ein Netzwerk von Familienmitgliedern, Freunden oder Nachbarn aufbauen, die bei

Bedarf helfen können. Das kann zum Beispiel Hilfe bei der Kinderbetreuung, beim Einkaufen oder bei anderen Aufgaben sein, die das Paar nicht allein bewältigen kann.

Kindergartenplatz suchen: Wenn das Paar plant, das Kind in den Kindergarten zu schicken, sollte es sich frühzeitig um einen Platz bemühen und sich über die verschiedenen Möglichkeiten informieren.

Familienplanung: Das Paar sollte sich Gedanken über die Familienplanung machen und entscheiden, ob und wann es weitere Kinder haben möchte.

Haushaltsplanung: Bereiten Sie sich als Paar gedanklich auf die künftige Haushaltsplanung vor. Wie sollen die Aufgaben verteilt werden und wer soll künftig welche Aufgaben übernehmen? Das ist unerlässlich, damit nicht die gesamte Last der Arbeit im Haushalt auf der Mutter liegt.

Arbeitszeitplanung: Das Paar sollte sich überlegen, wie es seine Arbeitszeit nach der Geburt des Kindes gestalten möchte. Dazu gehört zum Beispiel, ob sie Teilzeit arbeiten möchten oder ob sie die Möglichkeit haben, von zu Hause zu arbeiten.

Emotionale Vorbereitung: Es ist wichtig, dass sich das Paar emotional auf das Kind vorbereitet. Dazu gehört zum Beispiel das Lesen von Elternratgebern, der Austausch mit anderen Eltern oder der Besuch von Geburtsvorbereitungskursen.

Insgesamt ist es wichtig, dass sich Paare gut auf die Geburt ihres ersten Kindes vorbereiten, um sicherzustellen, dass sie bereit sind, wenn das Baby kommt. Eine gute Vorbereitung kann dem Paar helfen, sich an die neue Situation anzupassen und dabei eine starke und gesunde Beziehung aufrechtzuerhalten.

Haushaltsplanung: Bereiten Sie sich als Paar auch gedanklich auf die künftige Haushaltsplanung vor. Wie sollen die Aufgaben verteilt werden und

Die erste Babyausstattung

Worauf kommt es bei der Babyausstattung an?

Die Babyausstattung ist ein wichtiger Teil der Vorbereitung auf das erste Kind. Es gibt viele verschiedene Babyartikel auf dem Markt, die das Leben mit einem Neugeborenen erleichtern können. Hier sind einige der wichtigsten Dinge, auf die Eltern bei der Auswahl der Babyausstattung achten sollten:

Sicherheit: Die Sicherheit des Kindes ist das wichtigste Kriterium bei der Auswahl von Babyartikeln. Es ist wichtig, dass alle Babyartikel den aktuellen Sicherheitsstandards entsprechen und sicher und stabil sind. Eltern sollten sich vor dem Kauf über Sicherheitsstandards und -empfehlungen informieren und sicherstellen, dass die Artikel keine scharfen Kanten, losen Teile oder andere potenzielle Gefahren aufweisen.

Komfort: Der Komfort des Kindes ist ein weiteres wichtiges Kriterium bei der Auswahl der Babyausstattung. Es ist wichtig, dass die Artikel bequem und praktisch sind und dem Kind eine angenehme und sichere Umgebung bieten. Dazu gehört zum Beispiel das Babybett, das eine weiche und atmungsaktive Matratze haben und genügend Platz für das Kind bieten sollte.

Funktionalität: Die Funktionalität der Babyausstattung ist ein weiterer wichtiger Faktor bei der Auswahl. Es ist wichtig, dass die Artikel einfach zu bedienen und zu pflegen sind und dass sie den Bedürfnissen des Kindes und der Eltern entsprechen. Dazu gehört zum Beispiel der Kinderwagen, der stabil und leicht zu manövrieren sein und ausreichend Platz für Babyutensilien wie Windeln und Fläschchen bieten sollte.

Preis-Leistungs-Verhältnis: Das Preis-Leistungs-Verhältnis ist ein wichtiger Faktor bei der Auswahl von Babyartikeln. Es ist wichtig, dass die Artikel nicht nur sicher und funktionell, sondern auch erschwinglich sind. Eltern sollten sich vor dem Kauf über die Preise und Funktionen der verschiedenen Artikel informieren und darauf achten, dass sie ein gutes Preis-Leistungs-Verhältnis bieten. Es muss nicht unbedingt die teuerste Babyschale oder das teuerste Kinderbett sein, da viele Artikel schon nach kurzer Zeit nicht mehr gebraucht werden.

Einige der wichtigsten Babyartikel, auf die Eltern achten sollten, wenn sie sich auf das erste Kind vorbereiten, sind

- Babybett: Ein sicheres und bequemes Babybett mit einer atmungsaktiven Matratze.
- Kinderwagen: Ein praktischer und leicht zu manövrierender Kinderwagen mit ausreichend Platz für Babyutensilien.
- Babyschale: Eine Babyschale für das Auto, die den aktuellen Sicherheitsstandards entspricht.
- Babytrage: Eine Babytrage, die das Tragen und den Transport des Babys erleichtert.
- Wickeltisch: Ein stabiler und funktionaler Wickeltisch für das Wickeln und die Pflege des Babys mit ausreichend Stauraum für Windeln, Feuchttücher und andere Pflegeprodukte.
- Kommode oder Schrank: Eine funktionale Kommode oder ein Schrank zur Aufbewahrung von Babykleidung und -utensilien.
- Babyphon: Ein Babyphon zur Überwachung des Babys, wenn es schläft oder allein im Zimmer ist.
- Sichere Steckdosen: Steckdosen sollten so gesichert sein, dass man nichts hineinstecken kann und das Kind keinen Stromschlag bekommt, wenn es herumkrabbelt und hineinfasst.
- Schutzgitter für Babys: Ein Schutzgitter verhindert, dass das Baby eine gefährliche Treppe oder einen gefährlichen Wohnbereich erreichen kann.

Die Einrichtung des Kinderzimmers ist ein weiterer wichtiger Teil der Vorbereitung auf das erste Kind. Das Kinderzimmer sollte ein sicherer und gemütlicher Ort sein, an dem sich das

Baby wohl und geborgen fühlt. Hier sind einige der wichtigsten Dinge, die Eltern bei der Einrichtung des Kinderzimmers beachten sollten:

Die Sicherheit des Kindes ist das wichtigste Kriterium bei der Einrichtung des Kinderzimmers. Es ist wichtig, dass das Zimmer frei von potenziellen Gefahrenquellen ist und dass alle Möbel und Gegenstände sicher und stabil sind. Dazu gehört zum Beispiel, dass Schränke und Regale so an der Wand befestigt werden, dass sie nicht umkippen können. Kommoden dürfen beim Öffnen einer Schublade nicht kippen.

Das Kinderzimmer sollte ein gemütlicher Ort sein, an dem sich das Baby wohl fühlt und ausruhen kann.

Die Funktionalität des Kinderzimmers ist ein weiteres wichtiges Kriterium bei der Einrichtung. Es ist wichtig, dass das Zimmer praktisch und funktional ist und den Bedürfnissen des Kindes und der Eltern entspricht. Dazu gehört auch ein Wickeltisch mit ausreichend Stauraum für Babyutensilien wie Windeln und Feuchttücher.

Farben und Dekorationen im Kinderzimmer können einen großen Einfluss auf das Wohlbefinden des Kindes haben. Es ist wichtig, dass das Zimmer in beruhigenden Farben eingerichtet ist und dass die Dekorationen sicher und kindgerecht sind. Dazu gehört auch die Beleuchtung. Eine helle und angenehme Beleuchtung, die das Wickeln, Stillen und Spielen erleichtert, ist von Vorteil. Eine kindgerechte und sichere Dekoration, wie zum Beispiel ein Mobile oder Wandbilder, verschönern den Blick in den Raum und wecken Interesse und Aufmerksamkeit. Als Eltern sollten Sie sich umfassend über die Einrichtung des Kinderzimmers informieren und sicherstellen, dass Sie eine sichere, bequeme, funktionale und kindgerechte Umgebung für Ihr Baby schaffen.

Als Mann und Gentleman sollten Sie sich bei der Auswahl der verschiedenen Dinge mit Ihrer Partnerin abstimmen und ihr die Möglichkeit geben, sich selbst zu verwirklichen. Werdende Mütter haben in der Regel sehr genaue Vorstellungen davon, wie sie die räumliche Umgebung auf ein Kind vorbereiten möchten. Seien Sie ein Gentleman und gehen Sie nicht auf Konfrontationskurs. Zeigen Sie Verständnis für die Vorlieben Ihrer Partnerin und vertrauen Sie auf ihre Fähigkeit, die richtigen Vorbereitungen zu treffen. Sonst stören Sie Ihre Partnerin beim Nestbau. Als Gentleman sollten Sie die Vorbereitung auf das Kind als eine gemeinsame Aktivität betrachten, bei der die Paarbeziehung reifen und sich weiterentwickeln kann.

Die Beschreibungen in diesem Kapitel erheben keinen Anspruch auf Vollständigkeit, sondern sollen lediglich die wesentlichen Aspekte herausstellen, um den Gesamtzusammenhang der Veränderungen durch ein Kind zu verdeutlichen. Bei Familienberatungsstellen vor Ort und im Web erhalten Sie weit umfassendere Informationen in der Vorbereitung auf das erste Kind.

Kapitel 2

Kommunikation mit Kindern

Richtig mit Kindern kommunizieren

Wenn Sie als Paar in die Welt der Eltern eintauchen, erwartet Sie eine aufregende und herausfordernde Zeit. Die Erziehung von Kindern kann unglaublich erfüllend, aber auch komplex und anstrengend sein. Es ist wichtig, dass Sie als Paar von Anfang an bestimmte Schlüsselprinzipien in Ihrer Kommunikation und Erziehung beachten, damit Sie Ihren Kindern ein liebevolles, unterstützendes und anregendes Umfeld bieten können.

Als Paar sollten Sie eine solide Basis für eine offene und ehrliche Kommunikation untereinander und mit Ihren Kindern schaffen. Eine offene Kommunikation ermöglicht es Ihnen, Ihre Gefühle, Sorgen und Erfolge miteinander zu teilen und gleichzeitig auf die Bedürfnisse und Emotionen Ihrer Kinder einzugehen. Eine effektive Kommunikation trägt dazu bei, Konflikte zu minimieren, Missverständnisse zu vermeiden und das Zusammengehörigkeitsgefühl in der Familie zu stärken.

Einfühlungsvermögen ist ein weiteres Grundprinzip erfolgreicher Kommunikation. Indem Sie sich in Ihre Kinder hineinversetzen und versuchen, ihre Gefühle und Gedanken zu verstehen, können Sie eine tiefere Beziehung zu ihnen aufbauen. Dies fördert das gegenseitige Verständnis und hilft, ein unterstützendes und liebevolles Umfeld für das Kind zu schaffen. Geduld und Flexibilität sind dabei sehr wichtig. Kinder entwickeln sich unterschiedlich schnell und haben unterschiedliche Bedürfnisse und Persönlichkeiten. Sie sollten bereit sein, Ihre Erwartungen und Vorgehensweisen entsprechend anzupassen und geduldig mit Ihren Kindern zu sein, wenn sie Herausforderungen meistern oder neue Fähigkeiten erlernen.

Teamarbeit und partnerschaftliche Zusammenarbeit sind ebenso wichtig. Eine harmonische Beziehung und ein gemeinsames Verständnis von Erziehungszielen und -strategien fördern eine gesunde Familienatmosphäre. In Ihrer Kommunikation sollten Sie Ihre Kinder in Entscheidungsprozesse einbeziehen, um ihnen das Gefühl zu geben, dass ihre Meinungen und Perspektiven geschätzt werden.

Die Förderung der Selbständigkeit und des Selbstvertrauens Ihrer Kinder ist ein wichtiger Aspekt der Erziehung. Sie sollten Ihre Kinder ermutigen, Neues auszuprobieren, ihre Fähigkeiten und Talente zu entdecken und Entscheidungen zu treffen. Dabei ist es wichtig, den Kindern Raum für Fehler zu geben und ihnen zu zeigen, dass Fehler Teil des Lernprozesses sind.

Ein weiterer zentraler Aspekt der Erziehung ist das Setzen von Grenzen und Regeln. Indem Sie klare und konsequente Grenzen setzen, geben Sie Ihren Kindern Sicherheit und Orientierung. Gleichzeitig sollten Sie auf ein ausgewogenes Verhältnis zwischen Disziplin und Flexibilität achten, um Ihren Kindern Raum für persönliches Wachstum und Entwicklung zu halten. Neben den Aspekten einer guten Kindererziehung muss gleichzeitig immer auch der Paarbeziehung Aufmerksamkeit geschenkt werden.

Als Paar ist es wichtig, die Selbstfürsorge nicht zu vernachlässigen. Auf die eigene körperliche und emotionale Gesundheit zu achten, ist für eine positive Beziehung und eine erfolgreiche Erziehung unerlässlich. Sie sollten sich Zeit für sich und Ihre Beziehung nehmen, um Kraft zu tanken und Ihre Bindung aufrechtzuerhalten. Gemeinsame Hobbys, regelmäßige Verabredungen und offene Gespräche über Bedürfnisse und Wünsche tragen dazu bei, die Beziehung lebendig und unterstützend zu halten.

Diese Grundsätze bilden die Grundlage für ein liebevolles und unterstützendes Umfeld, in dem sich Ihre Kinder entfalten und entwickeln können. Gleichzeitig tragen sie dazu bei, die Beziehung und Kommunikation zwischen Ihnen zu stärken und Sie auf Ihrer gemeinsamen Reise durch die Welt der Eltern zu unterstützen.

In einer Welt, in der sich Familienstrukturen und Erziehungs-ansätze ständig verändern, ist es wichtig, dass Sie als Paar be-reit sind, sich anzupassen und Ihren Ansatz entsprechend den Bedürfnissen Ihrer Kinder und der Dynamik Ihrer Beziehung zu überdenken. Wenn Sie sich auf diese Schlüsselprinzipien kon-zentrieren und offen für Veränderung und Wachstum bleiben, können Sie eine erfüllende und erfolgreiche Erziehungserfah-rung schaffen, die das Wohlergehen Ihrer Kinder und die Sta-bilität Ihrer Beziehung fördert.

Grundlegende Aspekte, die Paare in der praktischen Umset-zung dieser Prinzipien beachten sollten, um sowohl die Kinder bestmöglich zu fördern als auch die eigene Beziehung zu stär-ken, sind:

Aktives Zuhören: Aktives Zuhören bedeutet, dem Kind die volle Aufmerksamkeit zu schenken und auf das einzugehen, was es sagt. Diese Art des Zuhörens trägt dazu bei, das Selbst-wertgefühl des Kindes zu stärken, indem es sich verstanden und angenommen fühlt. Außerdem fördert es die emotionale Bindung zwischen Eltern und Kind, da das Kind spürt, dass es in seinen Gefühlen und Gedanken ernst genommen wird.

Beispiel: Lena und Tom, ein junges, verliebtes Paar, haben ei-nen fünfjährigen Sohn namens Max. Eines Abends, nach dem Abendessen, erzählt Max seinen Eltern aufgeregt von einem Vorfall in der Schule. Anstatt sich auf ihre Smartphones zu konzentrieren oder über ihre eigenen Sorgen zu sprechen, nehmen sich Lena und Tom die Zeit, aufmerksam zuzuhören.

Sie stellen Fragen, um ihr Verständnis zu vertiefen und wiederholen, was Max erzählt hat, um sicher zu gehen, dass sie alles
richtig verstanden haben. Indem sie Max ihre volle Aufmerksamkeit schenken, geben sie ihm das Gefühl, geliebt und geschätzt zu werden.

Einfühlungsvermögen und Mitgefühl: Einfühlungsvermögen
und Mitgefühl sind grundlegende Elemente in der Kommunikation mit Kindern. Sie helfen, die Bedürfnisse und Gefühle
des Kindes zu verstehen und darauf einzugehen. Zeigen Sie
Verständnis für die Situation Ihres Kindes und versuchen Sie,
sich in seine Lage zu versetzen. Wenn Sie einfühlsam und mit-
fühlend kommunizieren, schaffen Sie eine Atmosphäre des
Vertrauens und der Liebe, in der sich das Kind sicher fühlt und
seine Gefühle offen ausdrücken kann.

Empathie ist aus psychologischer Sicht die Fähigkeit, sich in
die Gedanken, Gefühle und Perspektiven anderer Menschen
hineinzuversetzen und angemessen darauf zu reagieren.
Diese emotionale und kognitive Kompetenz ist entscheidend
für den Aufbau erfolgreicher sozialer Beziehungen und für die
Entwicklung von Mitgefühl und prosozialem Verhalten.

Kinder lernen Empathie am besten in der Familie, indem sie
positive und unterstützende Interaktionen zwischen den Familienmitgliedern erleben. Eltern und Geschwister können als
Rollenmodelle dienen, indem sie einfühlsames Verhalten vorleben und so den Kindern zeigen, wie man auf die Bedürfnisse

und Gefühle anderer achtet. Offene Kommunikation und aktives Zuhören sind ebenfalls wichtige Aspekte, die Kindern helfen, die Perspektiven anderer zu verstehen.

Darüber hinaus sollten Eltern ihren Kindern die Möglichkeit geben, ihre eigenen Gefühle auszudrücken und zu akzeptieren, um ein gesundes emotionales Bewusstsein zu entwickeln. Dies fördert auch die Empathie der Kinder für andere. Eltern können auch Situationen schaffen, in denen Kinder einfühlsames Verhalten üben können, zum Beispiel indem sie gemeinsam über Filme oder Bücher sprechen, in denen verschiedene Emotionen thematisiert werden. Ein liebevolles und unterstützendes familiäres Umfeld, in dem Empathie vorgelebt und geübt wird, ist der Schlüssel zur Entwicklung dieser wichtigen sozialen Fähigkeit bei Kindern.

Ein Beispiel: Mia kommt eines Tages weinend von der Schule nach Hause, weil sie in der Pause von ihren Mitschülern ausgeschlossen wurde. Anstatt ihre Tochter zu trösten, indem sie ihr einfach sagen, dass alles wieder gut wird, nehmen sich ihre Eltern Sophie und Lucas die Zeit, einfühlsam auf Mias Situation einzugehen. Sie erkennen ihre Traurigkeit und bieten ihr Trost und Unterstützung an. Dabei erzählen sie auch von eigenen Erfahrungen, in denen sie sich ähnlich gefühlt haben und vermitteln Mia, dass sie verstanden wird und nicht allein ist.

Authentizität und Ehrlichkeit: Kinder spüren, wenn etwas nicht stimmt oder ihnen etwas vorgemacht wird. Seien Sie ehrlich zu Ihrem Kind und teilen Sie ihm in altersgemäßer

Weise Ihre eigenen Gefühle und Gedanken mit. So zeigen Sie Ihrem Kind, dass es in Ordnung ist, über Gefühle zu sprechen und sie zu zeigen. Gleichzeitig stärken Sie die Beziehung zu Ihrem Kind und fördern eine offene Kommunikation.

Authentizität bezieht sich psychologisch auf das Erleben und Ausdrücken der eigenen wahren Gefühle, Überzeugungen, Werte und Persönlichkeitsmerkmale, unabhängig von sozialem Druck oder den Erwartungen anderer. Authentische Menschen sind sich ihrer selbst bewusst, ehrlich und kongruent in ihrem Denken, Fühlen und Handeln. Authentizität ist eine wichtige Voraussetzung für ein erfülltes und zufriedenes Leben, da sie dazu beiträgt, innere Konflikte zu reduzieren und die Qualität sozialer Beziehungen zu erhöhen.

Kinder können am besten authentisch werden und bleiben, wenn sie in einer Umgebung aufwachsen, in der sie sich sicher und akzeptiert fühlen. Eltern sollten ihre Kinder ermutigen, ihre eigenen Gefühle, Gedanken und Interessen zu erforschen und auszudrücken, ohne sie zu bewerten oder zu kritisieren. Dies fördert das Selbstvertrauen und die damit verbundene Selbstakzeptanz, die für Authentizität unerlässlich sind. Indem Eltern ihren Kindern zuhören und auf ihre Bedürfnisse eingehen, zeigen sie ihnen, dass ihre Meinungen und Gefühle wichtig und wertvoll sind.

Ein Beispiel: Anna und Marco leben seit einigen Jahren zusammen und haben einen vierjährigen Sohn namens Tim. Als Tim eines Tages bemerkt, dass seine Mutter traurig ist, fragt er sie, was los ist. Anstatt ihre Gefühle zu verbergen, erklärt Anna Tim auf altersgemäße Weise, dass sie heute einen schlechten Tag hatte, weil sie sich mit einer Freundin gestritten hat. Marco unterstützt Anna in ihrer Offenheit und berichtet ebenfalls von einer Situation, in der er sich ähnlich gefühlt hat. Durch ihre Ehrlichkeit und Authentizität zeigen Anna und Marco ihrem Sohn, dass es normal ist, über Gefühle zu sprechen und sie zu zeigen.

Klarheit und Einfachheit: Sprechen Sie eine klare und einfache Sprache, die Ihr Kind leicht verstehen kann. Vermeiden Sie Fachausdrücke oder komplexe Sätze, die Ihr Kind überfordern könnten. Achten Sie darauf, dass Ihre Botschaften klar und eindeutig sind, so dass Ihr Kind sie leicht verstehen und verarbeiten kann. Diese Art der Kommunikation hilft dem Kind, sich in der Welt zurechtzufinden und neue Informationen besser aufzunehmen.

Beispiel: Emma und Ben sind ein modernes, verliebtes Paar mit einer sechsjährigen Tochter namens Lilly. Eines Tages, als sie zusammen im Park sind, fragt Lilly, warum die Blätter von den Bäumen fallen. Anstatt eine komplexe, wissenschaftliche Erklärung zu geben, beschließen Emma und Ben, Lilly eine einfache und klare Antwort zu geben, die sie leicht verstehen kann: "Die Blätter fallen im Herbst von den Bäumen, weil die Bäume sich auf den Winter vorbereiten und Energie sparen müssen". Durch ihre klare und einfache Kommunikation helfen Emma und Ben Lilly, die Welt um sie herum besser zu verstehen.

Geduld und Gelassenheit: Kinder brauchen Zeit, um ihre Gedanken zu formulieren und ihre Gefühle zu verstehen. Geben Sie Ihrem Kind diese Zeit und seien Sie geduldig, wenn es Ihnen etwas mitteilen möchte. Bleiben Sie ruhig und gelassen.

Beispiel: Mila und Leon sind ein leidenschaftliches, junges Paar und haben einen dreijährigen Sohn namens Finn. Finn hat Schwierigkeiten, seine Schuhe zuzubinden und ist frustriert, weil es ihm nicht gelingt. Mila und Leon bemerken, dass ihr Sohn kurz davor ist, aufzugeben und zu weinen. Statt ungeduldig zu werden oder Finn das Gefühl zu geben, dass er versagt hat, bleiben sie ruhig und gelassen. Sie setzen sich gemeinsam mit Finn hin und erklären ihm geduldig die Schritte zum Schuhe binden, geben ihm die Zeit, die er braucht, um die Schritte zu verstehen und selbst auszuprobieren. Durch ihre Geduld und Gelassenheit schaffen sie eine unterstützende und liebevolle Umgebung, in der Finn selbstbewusst neue Fähigkeiten erlernen kann

Teamarbeit: Teamarbeit zu zweit als Paar ist in der Kommunikation mit Kindern aus mehreren Gründen wichtig:

* Konsistente Botschaften: Wenn Sie als Paar zusammenarbeiten und auf derselben Seite stehen, stellen Sie sicher, dass Ihre Kinder konsistente Botschaften und Erwartungen von beiden Elternteilen erhalten. Dies vermeidet Verwirrung und hilft den Kindern, ein klares Verständnis von Regeln und Grenzen zu entwickeln.

- Unterstützung und Entlastung: Kindererziehung kann anspruchsvoll und anstrengend sein. Wenn Sie im Team arbeiten, können Sie sich gegenseitig unterstützen und entlasten, wenn es darum geht, die Anforderungen des Alltags und der Kommunikation mit Ihren Kindern zu bewältigen. So können Sie auch in stressigen Situationen ruhig und geduldig bleiben.

- Positive Beziehungen vorleben: Wenn Sie als Paar effektiv zusammenarbeiten und kommunizieren, bieten Sie Ihren Kindern ein wertvolles Modell für gesunde Beziehungen. Ihre Kinder lernen, Konflikte konstruktiv zu lösen, respektvoll miteinander umzugehen und gemeinsam Entscheidungen zu treffen.

- Gemeinsame Erziehungsziele: Teamarbeit ermöglicht es Ihnen als Paar, gemeinsame Erziehungsziele und -strategien festzulegen und umzusetzen. Dies stellt sicher, dass Sie beide auf das gleiche Ergebnis hinarbeiten und die besten Chancen für das Wachstum und die Entwicklung Ihrer Kinder schaffen.

- Emotionale Sicherheit: Wenn Sie als Paar gemeinsam an einem Strang ziehen, schaffen Sie für Ihre Kinder ein Umfeld emotionaler Sicherheit. Dies fördert das Vertrauen und die Bindung zwischen Ihnen und Ihren Kindern und hilft ihnen, sich geliebt, geschätzt und verstanden zu fühlen.

- Effektive Problemlösung: Kinder werden oft mit Herausforderungen konfrontiert, die einen kreativen und flexiblen Ansatz erfordern. Wenn Sie als Team zusammenarbeiten und Ihre Stärken und Fähigkeiten kombinieren, können Sie effektivere Lösungen für Probleme finden und ein breiteres Spektrum von Bedürfnissen und Situationen bewältigen.

Wenn Sie durch Ihr eigenes Verhalten zeigen, dass Teamarbeit funktioniert, entwickeln Ihre Kinder ein Bewusstsein dafür, wie sie dies später für sich selbst umsetzen können. Es gibt einige konkrete Dinge, die Sie tun können, um dies zu fördern:

- Teamfähigkeit vorleben: Zeigen Sie Ihren Kindern durch Ihr eigenes Verhalten, wie Teamarbeit funktioniert. Arbeiten Sie als Paar zusammen, um Probleme zu lösen und zeigen Sie, wie man respektvoll und effektiv kommuniziert.
- Gemeinsame Aktivitäten: Fördern Sie die Teamarbeit, indem Sie gemeinsame Aktivitäten organisieren, bei denen Ihre Kinder zusammenarbeiten müssen, um ein Ziel zu erreichen. Dies kann zum Beispiel das gemeinsame Lösen eines Puzzles, das Spielen von Gruppenspielen oder die Teilnahme an Mannschaftssportarten sein.
- Setzen Sie klare Erwartungen: Erklären Sie Ihren Kindern, was Teamarbeit bedeutet, und welche Verhaltensweisen dazu gehören. Setzen Sie klare Erwartungen, wie sie zusammenarbeiten und miteinander kommunizieren sollen.
- Konfliktlösung: Bringen Sie Ihren Kindern bei, Konflikte konstruktiv zu lösen, indem sie ihre Gefühle ausdrücken, auf die Anliegen anderer eingehen und gemeinsam nach Lösungen suchen.

- Aktives Zuhören: Fördern Sie das aktive Zuhören Ihrer Kinder, indem Sie ihnen beibringen, sich gegenseitig zuzuhören, ohne zu unterbrechen, und die Perspektive des anderen zu respektieren.

- Positive Verstärkung: Loben und belohnen Sie Ihre Kinder, wenn sie effektiv zusammenarbeiten und gute Kommunikationsfähigkeiten zeigen. Dies kann dazu beitragen, ihr Selbstvertrauen und ihre Motivation zur Teamarbeit zu stärken.

- Aufgabenteilung: Bringen Sie Ihren Kindern bei, wie sie Aufgaben untereinander aufteilen und ihre individuellen Stärken nutzen können, um gemeinsam effizienter zu arbeiten.

- Empathie fördern: Bringen Sie Ihren Kindern bei, sich in andere hineinzuversetzen und deren Gefühle und Bedürfnisse zu verstehen. Empathie ist eine grundlegende Fähigkeit für effektive Teamarbeit.

- Problemlösungskompetenz entwickeln: Fördern Sie die Fähigkeit Ihrer Kinder, kritisch zu denken und Probleme gemeinsam zu lösen. Dies kann durch Diskussionen, Rollenspiele oder die Teilnahme an Gruppenaktivitäten erreicht werden, die kreatives Denken und Zusammenarbeit erfordern.

- Geduld und Toleranz: Ermutigen Sie Ihre Kinder, geduldig und tolerant gegenüber den Meinungen und Ideen ihrer Geschwister oder Freunde zu sein. Dies trägt dazu bei, ein Umfeld zu schaffen, bei dem Zusammenarbeit und gegenseitiger Respekt gedeihen können.

Ein Beispiel: Nina und Chris sind ein dynamisches, liebevolles Paar und haben zwei Kinder, die siebenjährige Ella und den neunjährigen Noah. Eines Abends beschließen sie, gemeinsam ein Puzzle zu lösen. Anstatt die Aufgabe einem der beiden Kinder oder einem Elternteil zu überlassen, arbeiten alle zusammen und setzen ihre individuellen Stärken ein, um das Puzzle zu vervollständigen. Diese Teamarbeit fördert das Zusammengehörigkeitsgefühl in der Familie, indem Kooperation, Kommunikation und das gemeinsame Lösen von Problemen in den Vordergrund gestellt werden.

Humor und Heiterkeit: Humor und Heiterkeit sind wichtige Faktoren, um eine positive, entspannte und liebevolle Atmosphäre in der Familie zu schaffen. Wenn Sie als Eltern Humor und Gelassenheit in die Kommunikation mit Ihren Kindern einfließen lassen, können Sie Ihren Kindern in vielerlei Hinsicht helfen.

Zum Beispiel zeigen Sie Ihren Kindern, wie sie Stress durch Humor und Lachen abbauen können. In stressigen oder angespannten Situationen kann dies helfen, Spannungen abzubauen und eine positivere Stimmung zu schaffen. Gleichzeitig fördern Sie die Resilienz Ihrer Kinder, indem Sie ihnen beibringen, Herausforderungen und Widrigkeiten mit einem Lächeln zu begegnen und eine positivere Einstellung zu entwickeln.

Humor ist auch ein hervorragendes Mittel, um die emotionale Bindung zwischen Ihnen und Ihren Kindern zu stärken. Gemeinsames Lachen und humorvolle Momente fördern Nähe und Vertrauen in der Familie. Darüber hinaus können Humor und Gelassenheit bei der Lösung von Konflikten ein entspannteres Umfeld schaffen, in dem konstruktive Kommunikation stattfinden kann. So können Sie und Ihre Kinder offen und ehrlich über Gefühle und Sorgen sprechen, ohne sich bedroht oder angegriffen zu fühlen.

Durch Humor und Gelassenheit in der Kommunikation mit Ihren Kindern helfen Sie ihnen, ein gesundes Selbstvertrauen zu entwickeln. Ihre Kinder lernen, dass es in Ordnung ist, Fehler zu machen, und dass es wichtig ist, sich selbst nicht zu ernst zu nehmen. Außerdem helfen Sie Ihren Kindern, eine positivere Einstellung zu entwickeln, indem Sie ihnen zeigen, wie man negative Gedanken und Gefühle durch Humor relativiert und den Blick auf das Gute und Schöne im Leben lenkt.

Schließlich vermitteln Sie Ihren Kindern wertvolle Lebenskompetenzen, indem Sie ihnen beibringen, mit verschiedenen Situationen humorvoll und gelassen umzugehen. Diese Fähigkeiten helfen ihnen, auch in späteren Lebensphasen mit Herausforderungen und Stress erfolgreich umzugehen. Humor und Gelassenheit in der Kommunikation fördern die emotionalen und sozialen Fähigkeiten Ihrer Kinder.

Ein Beispiel: Zoe und Liam sind ein lebhaftes, verliebtes Paar, das den fünfjährigen Oliver und die dreijährige Emily großzieht. Eines Morgens, als sie sich gemeinsam für den Tag fertig machen, bemerkt Emily, dass sie ihre Socken falsch herum angezogen hat. Anstatt sie zu korrigieren oder sie darauf hinzuweisen, dass sie einen Fehler gemacht hat, beschließen Zoe und Liam, die Situation humorvoll anzugehen. Sie ziehen ihre eigenen Socken verkehrt herum an und erklären lachend, dass heute "verrückter Sockentag" sei. Diese humorvolle und leichte Herangehensweise schafft eine positive Atmosphäre in der Familie und lehrt die Kinder, dass es in Ordnung ist, Fehler zu machen und über sich selbst zu lachen.

Anerkennung und Wertschätzung: Wenn Sie als Eltern Anerkennung und Wertschätzung zeigen, fördern Sie eine gesunde Beziehung zu Ihren Kindern und stärken ihr Selbstwertgefühl. Zeigen Sie Anerkennung für die Bemühungen, Talente und Fortschritte Ihrer Kinder, auch wenn sie noch so klein sind. Dies hilft ihnen, Selbstvertrauen und Selbstwertgefühl aufzubauen und motiviert sie, weiterhin ihr Bestes zu geben und neue Fähigkeiten zu erlernen. Anerkennung kann auch dazu beitragen, dass sich Ihre Kinder sicher und geschätzt fühlen, was wiederum ihre Bindung zu Ihnen stärkt.

Wertschätzung bedeutet, die Gefühle, Meinungen und Ideen Ihrer Kinder ernst zu nehmen und ihnen das Gefühl zu geben, dass sie wichtig und wertvoll sind. Wenn Sie aktiv zuhören und auf die Bedürfnisse Ihrer Kinder eingehen, zeigen Sie ihnen, dass ihre Stimme zählt und dass sie in der Familie respektiert werden. Gleichzeitig sollten Sie als Elternpaar auch gegenseitige Anerkennung und Wertschätzung zeigen. Dies dient als Vorbild für Ihre Kinder und lehrt sie, wie man liebevoll und respektvoll miteinander umgeht. Indem Sie Ihre Wertschätzung füreinander ausdrücken, fördern Sie eine positive Atmosphäre in der Familie und zeigen Ihren Kindern, wie man in Beziehungen auf eine gesunde Art und Weise kommuniziert.

Ein weiterer wichtiger Aspekt ist, Ihre Kinder dazu zu ermutigen, auch Anerkennung und Wertschätzung für ihre Geschwister und andere Familienmitglieder zu zeigen. Dadurch lernen sie, Empathie und Rücksichtnahme zu entwickeln und erkennen, wie wichtig es ist, die Gefühle und Bedürfnisse anderer zu berücksichtigen.

Ein Beispiel: Mia und Noah sind ein glückliches, verliebtes Paar, das die neunjährige Lina und den sechsjährigen Tim großzieht. Eines Abends, als die Familie gemeinsam zu Abend isst, beginnen Mia und Noah, die Errungenschaften und Stärken jedes Familienmitglieds zu würdigen. Sie loben Lina für ihre schulischen Leistungen und Tim für seine Hilfsbereitschaft. Aus Freude über die Anerkennung äußern die Kinder wiederum äußern ihre Dankbarkeit für die Unterstützung und Liebe ihrer Eltern. Gegenseitige Anerkennung und Wertschätzung fördern in der kleinen Familie ein positives Selbstbild und ein starkes Zusammengehörigkeitsgefühl.

Wenn Paare diese Prinzipien im täglichen Umgang mit ihren Kindern praktizieren, können sie eine liebevolle, unterstützende und harmonische Umgebung schaffen, die das Wohlbefinden der Kinder fördert und die Paarbeziehung stärkt. Diese gesunde Dynamik trägt nicht nur zur Entwicklung des Selbstwertgefühls und der emotionalen Intelligenz der Kinder bei, sondern schafft auch eine solide Grundlage für eine lebenslange, vertrauensvolle Beziehung zwischen Eltern und Kindern.

Die Anwendung dieser Kommunikationsprinzipien kann auch dazu beitragen, mögliche Konflikte in der Familie besser zu bewältigen. Indem Paare lernen, offen und ehrlich mit ihren Kindern über ihre Gefühle und Sorgen zu sprechen, können sie gemeinsam mit ihren Kindern Lösungen finden und ein Klima der Zusammenarbeit und des gegenseitigen Verständnisses schaffen. Dies trägt dazu bei, dass sowohl die Kinder als auch die Paarbeziehung in einer Atmosphäre der Liebe, des Respekts und der Wertschätzung gedeihen können.

Die Kommunikation mit Kindern ist ein ständiger Lernprozess, der Anpassung und Flexibilität erfordert. Jedes Kind ist einzigartig, und es ist wichtig, dass Paare bereit sind, ihre Kommunikationsstrategien dem Alter, der Persönlichkeit und den Bedürfnissen des Kindes anzupassen. In diesem Sinne sollten Paare immer offen für Veränderungen bleiben und bereit sein, ihre eigenen Kommunikationsfähigkeiten kontinuierlich zu verbessern und anzupassen.

Wenn Kinder betroffen sind

Wenn Kinder in einer Umgebung aufwachsen, in der eine fehlerhafte Kommunikation zwischen den Eltern oder zwischen
Eltern und Kindern vorherrscht, kann dies schwerwiegende
Auswirkungen auf ihre emotionale, soziale und kognitive Entwicklung haben. Kinder, die in einer Umgebung aufwachsen,
in der die Kommunikation gestört ist, können Schwierigkeiten
haben, ihre eigenen Gefühle und Bedürfnisse auszudrücken.
Dies kann dazu führen, dass sie sich weniger wert oder weniger wichtig fühlen als andere, was sich negativ auf ihr Selbstwertgefühl auswirkt.

Mangelnde Kommunikationsfähigkeiten können es Kindern
erschweren, effektiv mit Gleichaltrigen und Erwachsenen zu
interagieren. Dies kann zu sozialer Isolation, Konflikten und
Schwierigkeiten beim Aufbau von Freundschaften führen. Kinder, die nicht lernen, ihre Gefühle angemessen auszudrücken
und zu kommunizieren, sind anfälliger für Ängste, Depressionen und andere psychische Probleme. Außerdem kann es für
Kinder schwieriger sein, mit Stress und schwierigen Lebenssituationen später gut umzugehen.

In schwerwiegenden Fällen kann fehlerhafte Kommunikation
in der Familie zu Verhaltensauffälligkeiten wie Aggression,
Rückzug oder Aufsässigkeit führen. Kinder, die ihre Emotionen
nicht effektiv kommunizieren können, suchen möglicherweise
nach anderen Wegen, um ihre Frustration auszudrücken. Eine

mangelnde Kommunikationsfähigkeit kann sich auch auf die schulische Leistung auswirken. Kinder, die Schwierigkeiten haben, ihre Gedanken und Ideen auszudrücken, können in der Schule zurückbleiben und Schwierigkeiten haben, mit Lehrern und Mitschülern zu interagieren.

Zu den Hauptproblemen, die heute im Zusammenhang mit mangelhafter Kommunikation in Familien auftreten, gehören die Folgen der zunehmenden Digitalisierung und die veränderten Kommunikationsgewohnheiten. Viele Eltern und Kinder verbringen immer mehr Zeit vor dem Bildschirm und immer weniger Zeit miteinander, was zu einer Abnahme der Kommunikationsqualität führt. Darüber hinaus tragen soziale Medien und andere digitale Kommunikationsformen dazu bei, dass direkte, persönliche Gespräche in Familien immer seltener werden.

Um diesen Herausforderungen zu begegnen, ist es wichtig, dass Eltern bewusst auf eine gesunde Kommunikation in der Familie achten. Dazu gehören gemeinsame Aktivitäten, offene Gespräche über Gefühle und Bedürfnisse sowie die Förderung von Empathie und aktivem Zuhören. Durch die Schaffung eines unterstützenden und liebevollen Umfelds können Eltern dazu beitragen, die negativen Auswirkungen fehlerhafter Kommunikation auf ihre Kinder zu minimieren.

Wenn Kinder beteiligt sind, kann Kommunikation manchmal eine echte Herausforderung sein. Aber keine Sorge, mit ein paar Tipps und Tricks kann diese Hürde genommen werden.

Auch hier geht es um Verhaltensweisen, die man als Paar vorleben sollte. Darauf sollten Sie achten.

- Achten Sie auf Ihre Wortwahl: Kinder verstehen und verarbeiten Informationen anders als Erwachsene. Verwenden
Sie einfache, klare und altersgerechte Worte, um sicherzustellen, dass Ihre Kinder die Botschaft verstehen und
sich in die Kommunikation einbezogen fühlen.
- Schaffen Sie eine sichere Atmosphäre: Kinder sollten das
Gefühl haben, dass sie in der Familie offen über ihre Gedanken und Gefühle sprechen können. Ermutigen Sie sie,
ihre Meinung zu äußern und zeigen Sie ihnen, dass ihre
Stimme geschätzt wird.
- Seien Sie ein aktiver Zuhörer: Hören Sie aufmerksam zu,
wenn Ihr Partner oder Ihre Kinder sprechen, und achten
Sie darauf, dass Sie ihre Ansichten und Sorgen anerken-
nen. Kinder spüren, ob sie wirklich gehört werden, und das
fördert Vertrauen und Offenheit.
- Streiten Sie nicht vor den Kindern: Streit ist in jeder Beziehung normal, aber versuchen Sie, ihn außerhalb der
Reichweite der Kinder zu lösen. Kinder können durch
Spannungen verängstigt oder verunsichert werden und
sollten nicht in den Konflikt hineingezogen werden.
- Teamarbeit vorleben: Zeigen Sie Ihren Kindern, wie Sie als
Eltern zusammenarbeiten und gemeinsam Entscheidungen treffen. Das gibt ihnen ein Gefühl von Stabilität und
fördert ihr Verständnis für Kompromisse und Zusammenarbeit.

- Seien Sie einfühlsam und sensibel: Achten Sie auf die Gefühle und Bedürfnisse Ihres Partners und Ihrer Kinder. Zeigen Sie Verständnis für ihre Sichtweise und gehen Sie auf ihre Emotionen ein, um eine harmonische Kommunikation zu gewährleisten.
- Geben Sie positives Feedback: Loben und bestätigen Sie Ihren Partner und Ihre Kinder für ihre Stärken und Erfolge. Positives Feedback stärkt das Selbstwertgefühl und die Motivation.

Denken Sie daran, dass Kommunikation ein dynamischer Prozess ist, der ständige Anpassung und Aufmerksamkeit erfordert.

Die Wichtigkeit von Offenheit und Ehrlichkeit

Offenheit und Ehrlichkeit in der Kommunikation mit Kindern müssen differenziert betrachtet werden. Nicht immer können Dinge so ausgesprochen werden, wie es in der Erwachsenenwelt üblich ist. Dennoch ist die Fähigkeit, offen und ehrlich miteinander zu sprechen, ein wesentlicher Bestandteil einer gesunden und liebevollen Familie. Die Kommunikation zwischen Eltern und Kindern ist besonders wichtig, da sie einen entscheidenden Einfluss auf die Entwicklung und das Wohlbefinden der Kinder hat. Ehrlichkeit und Offenheit in der Kommunikation mit Kindern sind wichtig, weil sie die Grundlage für Vertrauen und Respekt in der Familie schaffen.

In vielen Familiensituationen kann Offenheit und Ehrlichkeit die beste Vorgehensweise sein. Wenn Eltern ihren Kindern beispielsweise erklären, warum es bestimmte Regeln oder Grenzen gibt, können sie das Verständnis der Kinder für diese Regeln und ihre Bereitschaft, sich daran zu halten, fördern. Ebenso kann ehrliches Feedback, sei es Lob oder konstruktive Kritik, den Kindern helfen, ihre Stärken und Schwächen zu erkennen und daran zu arbeiten, sich weiterzuentwickeln.

Trotz der vielen Vorteile, die Offenheit und Ehrlichkeit in der Kommunikation mit Kindern mit sich bringen, ist es wichtig zu erkennen, dass es auch Situationen gibt, in denen eine gewisse Zurückhaltung angebracht sein kann. In manchen Fällen kann zu viel Offenheit Kinder überfordern oder unnötigen Ängsten aussetzen. Zum Beispiel könnten Eltern versucht sein, ihre Kinder über finanzielle Schwierigkeiten oder Probleme in ihrer Beziehung zu informieren. Obwohl Transparenz in vielen Fällen hilfreich sein kann, ist es wichtig, das Alter und die emotionale Reife des Kindes zu berücksichtigen und abzuwägen, ob diese Informationen wirklich zum Verständnis und Wohlbefinden des Kindes beitragen.

Ein weiteres Beispiel, in dem Eltern weniger offen sein sollten, sind Situationen, in denen die Wahrheit für das Kind schmerzhaft oder traumatisch sein könnte. In solchen Fällen ist es wichtig, sorgfältig abzuwägen, wie und wann Informationen weitergegeben werden, um das Kind nicht unnötig zu belasten. Ein behutsamer und sensibler Ansatz, der die emotionalen Bedürfnisse des Kindes berücksichtigt, kann hier hilfreich sein.

Ehrlichkeit und Offenheit in der Kommunikation sind nicht gleichbedeutend mit der Weitergabe persönlicher oder unangemessener Informationen. Es ist wichtig, dass Eltern die Grenzen zwischen Offenheit und Privatsphäre respektieren und nicht zu viele Details preisgeben, die das Kind nicht verarbeiten kann oder die nicht für seine Ohren bestimmt sind.

In manchen Situationen kann es auch sinnvoll sein, mit dem Kind in einem angemessenen Rahmen über schwierige Themen zu sprechen, ohne ihm alle Fakten und Einzelheiten mitzuteilen. Zum Beispiel können Eltern ihren Kindern die Grundzüge eines aktuellen Nachrichtenereignisses oder einer politischen Angelegenheit erklären, ohne dabei in komplexe Details zu verfallen, die das Kind verwirren oder erschrecken könnten.

Die Kunst der ehrlichen und offenen Kommunikation mit Kindern besteht darin, ein Gleichgewicht zwischen Transparenz und Schutz zu finden. Es ist wichtig, dass Eltern sich bewusst sind, wie sie mit ihren Kindern sprechen und dass sie die Bedürfnisse und Fähigkeiten ihrer Kinder berücksichtigen, wenn sie Informationen weitergeben. In manchen Fällen kann dies bedeuten, dass die Eltern die Wahrheit etwas abschwächen oder Informationen zurückhalten, um das Wohl des Kindes zu schützen.

Indem Eltern die Bedürfnisse und Fähigkeiten ihrer Kinder berücksichtigen und eine sensible Herangehensweise wählen,
können sie dazu beitragen, eine starke und resiliente Familie
aufzubauen.

Konflikte lösen, wenn Kinder im Raum sind

Aus psychologischer Sicht ist ein Konflikt eine Situation, in der
zwei oder mehr Personen, Gruppen oder Teile einer Person widersprüchliche oder unvereinbare Bedürfnisse, Wünsche,
Ziele oder Werte haben. Konflikte entstehen, wenn die beteiligten Parteien ihre Bedürfnisse oder Interessen bedroht oder
beeinträchtigt sehen und können zu emotionalen Spannungen, Missverständnissen oder Kommunikationsproblemen
führen. Konflikte können in verschiedenen Kontexten auftreten, z. B. in zwischenmenschlichen Beziehungen, in der Familie, am Arbeitsplatz oder innerhalb einer Person (intrapsychi-
scher Konflikt). Sie können aufgrund unterschiedlicher Perspektiven, Kommunikationsstile, Wertvorstellungen oder
individueller Bedürfnisse entstehen.

In der Psychologie werden drei Arten von Konflikten unterschieden:

1. Intrapersonelle Konflikte: Sie entstehen innerhalb
   eines Individuums, wenn es widersprüchliche Bedürfnisse, Ziele oder Werte hat. Beispielsweise

kann jemand beruflich erfolgreich sein wollen, aber gleichzeitig mehr Zeit mit seiner Familie verbringen wollen.

2. Zwischenmenschliche Konflikte: Diese treten zwischen zwei oder mehr Personen auf und können durch unterschiedliche Meinungen, Bedürfnisse, Interessen oder Werte verursacht werden.

3. Interpersonelle Konflikte treten häufig in Beziehungen, Freundschaften oder im Arbeitsumfeld auf Gruppenkonflikte: Sie entstehen, wenn Gruppen oder Teams unterschiedliche Ziele, Prioritäten oder Arbeitsstile haben. Gruppenkonflikte können zu Spannungen und Uneinigkeit innerhalb der Gruppe führen und die Zusammenarbeit beeinträchtigen.

Konflikte sind ein natürlicher Teil menschlicher Interaktionen und können sowohl negative als auch positive Aspekte haben. Auf der negativen Seite können Konflikte zu Stress, Ärger, Frustration und Kommunikationsproblemen führen. Auf der positiven Seite können sie jedoch auch als Gelegenheit zur persönlichen und gemeinschaftlichen Entwicklung dienen, indem sie dazu beitragen, Missverständnisse zu klären, unterschiedliche Perspektiven zu erkennen und kreative Lösungen für Probleme zu finden.

Die Fähigkeit, Konflikte effektiv zu bewältigen und zu lösen, ist eine wichtige Fähigkeit in der psychologischen Entwicklung und im Zusammenleben mit anderen Menschen. Dazu gehört das Verständnis der eigenen Bedürfnisse und Emotionen, das

Zuhören und Verstehen der Perspektive anderer, das Aushandeln von Kompromissen und die Anwendung von Kommunikations- und Problemlösungsfähigkeiten.

Als Paar kann es schwierig sein, Konflikte zu lösen, wenn Kinder im Raum sind, aber es ist wichtig, den richtigen Ansatz zu finden, um eine gesunde und harmonische Atmosphäre in der Familie zu gewährleisten. Hier sind einige wichtige Aspekte, die Sie beachten sollten, und einige absolute "No-Gos", die Sie vermeiden sollten, wenn Sie als Paar Konflikte lösen, während Kinder anwesend sind:

Bleiben Sie ruhig und respektvoll: Vermeiden Sie es, laut zu werden, zu schreien oder eine aggressive Körpersprache zu verwenden. Kinder können sehr sensibel auf die Emotionen ihrer Eltern reagieren und durch solche Verhaltensweisen erschreckt oder verunsichert werden.

No-Go: Laut streiten, schreien oder den Partner vor den Kindern beschimpfen.

Konzentrieren Sie sich auf das Problem, nicht auf die Person: Konzentrieren Sie sich darauf, das zugrunde liegende Problem oder die Meinungsverschiedenheit zu lösen, anstatt persönliche Angriffe oder Vorwürfe auszutauschen.

No-Go: Persönliche Angriffe, Schuldzuweisungen oder das Aufwärmen vergangener Konflikte.

Achten Sie auf Ihre Wortwahl: Verwenden Sie respektvolle und angemessene Worte, um Ihre Gedanken und Gefühle auszudrücken. Denken Sie daran, dass Ihre Kinder zuhören und von Ihnen lernen, wie Sie kommunizieren.

No-Go: Verwendung von vulgärer Sprache, Beleidigungen oder abwertenden Begriffen.

Zeigen Sie Empathie und Verständnis: Versuchen Sie, die Perspektive Ihres Partners zu verstehen und zeigen Sie Empathie für ihre Gefühle und Bedenken. Dies hilft Ihnen dabei, eine Lösung für den Konflikt zu finden, und zeigt Ihren Kindern, wie man respektvoll und einfühlsam miteinander umgeht.

No-Go: Ignorieren oder abwerten der Gefühle und Meinungen des Partners.

Bieten Sie konstruktive Lösungen an: Anstatt sich auf die negativen Aspekte des Konflikts zu konzentrieren, suchen Sie gemeinsam nach konstruktiven Lösungen oder Kompromissen, um das Problem zu lösen.

No-Go: Sich nur auf die Probleme konzentrieren, ohne Lösungen oder Kompromisse anzubieten.

Wählen Sie den richtigen Zeitpunkt und Ort: Wenn möglich, versuchen Sie, ernsthafte Konflikte auf einen späteren Zeitpunkt oder einen privaten Ort zu verschieben, an dem Ihre Kinder nicht direkt betroffen sind.

No-Go: Diskussionen über sensible oder komplizierte Themen in Gegenwart der Kinder, insbesondere wenn sie emotional aufgeladen sind.

Indem Sie diese Richtlinien als Mann und Gentleman und als Paar befolgen und die aufgeführten No-Gos vermeiden, können Sie als Paar in angespannten Situationen besser miteinander umgehen, Verletzungen reduzieren, Konflikte effektiver lösen und gleichzeitig ein positives Vorbild für Ihre Kinder sein.

Niemand ist perfekt, aber wenn Sie mit einem „No-Go" eines Partners konfrontiert werden, sprechen Sie das Thema in einem ruhigen und entspannten Moment an und bitten Sie sich gegenseitig, dieses Verhalten künftig zu unterlassen.

Kapitel 3

Zeitmanagement in einer Beziehung mit Kindern

Zeitmanagement ist für viele Menschen ein wichtiges Thema, insbesondere für Eltern mit kleinen Kindern. Die Betreuung von Kindern erfordert viel Zeit und Aufmerksamkeit und kann es schwierig machen, die eigene Zeit effektiv zu planen und zu organisieren. Dieses Kapitel beschäftigt sich eingehend mit der Frage, wie man seine Zeit effektiv plant, wenn man Kinder hat. Eine der größten Herausforderungen ist dabei die Fähigkeit, flexibel zu sein. Kinder können unberechenbar sein und es kann schwierig sein, den Tag im Voraus zu planen. Es ist wichtig, auf Unvorhergesehenes vorbereitet zu sein und trotzdem effektiv arbeiten zu können.

Eltern müssen in der Lage sein, Prioritäten zu setzen und zwischen den Bedürfnissen ihrer Kinder und ihren eigenen Bedürfnissen abzuwägen. Im Laufe ihrer Elternschaft lernen sie, Prioritäten zu setzen und sich Zeit für sich selbst zu nehmen, ohne die Bedürfnisse der Kinder zu vernachlässigen.

Leider lernen junge Eltern dies nicht automatisch. Deshalb ist es von Vorteil, schon vor der Geburt eines Kindes darüber zu sprechen. Auch wenn ein weiteres Kind dazukommt, werden die Karten neu gemischt.

Ein anderes wichtiges Thema ist das Delegieren von Aufgaben. Eltern müssen in der Lage sein, Aufgaben und Verantwortung zu teilen, um sicherzustellen, dass alle Bedürfnisse erfüllt werden und die Zeit effektiv genutzt wird. Neben dem Delegieren von Aufgaben ist auch die Fähigkeit, Zeit zu sparen, von großer Bedeutung. Dies kann von der Nutzung von Technologie bis hin zu effektiver Planung und Organisation reichen. Eltern müssen in der Lage sein, Zeit für sich selbst zu finden, um sich zu entspannen und neue Energie zu tanken. Es geht um Lösungen, wie ein Gleichgewicht zwischen den Aufgaben und der Zeit für Hobbys und Interessen gefunden werden kann.

Alles in allem ist Zeitmanagement mit Kindern eine Herausforderung, aber es gibt konkrete Strategien und Techniken, die Eltern anwenden können, um ihre Zeit effektiver zu planen und zu organisieren. Dieses Kapitel soll Ihnen dabei helfen, Ihre Zeit optimal zu nutzen und eine Balance zwischen Familie und individuellen Bedürfnissen zu finden.

Effektive Zeitplanung mit Kindern

Eine der größten Herausforderungen beim Zeitmanagement mit Kindern ist die Fähigkeit, flexibel zu sein. Kinder können krank werden, eine unvorhergesehene Krise kann eintreten oder der Zeitplan ändert sich aus anderen Gründen. In solchen Situationen ist es wichtig, auf Unvorhergesehenes vorbereitet zu sein und trotzdem effizient zu arbeiten.

Eine Möglichkeit, flexibel zu bleiben, sind Alternativpläne. Wenn zum Beispiel ein Kind krank wird und nicht zur Schule gehen kann, müssen die Eltern ihre Arbeit vielleicht von zu Hause aus erledigen. Es ist wichtig, dass Eltern sich überlegen, wie sie ihre Arbeit zu Hause erledigen können, damit sie für ihr Kind da sein können, ohne ihre Arbeit zu vernachlässigen.

Eine weitere Möglichkeit, flexibel zu bleiben, besteht darin, Zeit für Unvorhergesehenes einzuplanen. Wenn Eltern eine Aufgabenliste für den Tag erstellen, sollten sie auch Zeit für Unvorhergesehenes einplanen. Auf diese Weise können sie schnell auf unvorhergesehene Ereignisse reagieren, ohne ihren gesamten Zeitplan ändern zu müssen.

Ein weiterer wichtiger Aspekt eines flexiblen Zeitmanagements mit Kindern ist die Fähigkeit, Prioritäten zu setzen. Eltern sollten in der Lage sein, zwischen den Bedürfnissen ihrer Kinder und ihren eigenen Bedürfnissen abzuwägen. Wenn beispielsweise ein Kind krank ist, sollten Eltern in der Lage sein, ihre Arbeit zurückzustellen und sich auf die Betreuung des Kindes zu konzentrieren. Darüber hinaus sollten Eltern in der Lage sein, ihre Arbeitsbelastung effektiv zu delegieren. Wenn zum Beispiel ein Elternteil viel zu tun hat, kann der andere bei der Kinderbetreuung helfen. Ältere Kinder können auch Aufgaben wie Kochen oder Aufräumen übernehmen.

Um flexibel zu bleiben, sollten Eltern auch Zeit sparen und diese effektiv nutzen. Dazu gehört zum Beispiel der Einsatz von Technik wie To-do-Listen oder Kalender-Apps, um den Überblick über Aufgaben und Termine zu behalten. Wichtig ist auch, Ablenkungen zu minimieren, um die Produktivität zu steigern.

Insgesamt ist Flexibilität ein wichtiger Aspekt des Zeitmanagements mit Kindern. Eltern sollten in der Lage sein, auf unvorhergesehene Ereignisse zu reagieren und ihre Prioritäten entsprechend zu setzen. Außerdem sollten sie Aufgaben effektiv delegieren.

Im Folgenden finden Sie eine kurze Liste mit praktischen Tipps zur Umsetzung von Strategien für ein flexibles Zeitmanagement im Alltag mit Kindern:

- Erstellen Sie Alternativpläne, um auf unvorhergesehene Ereignisse reagieren zu können. Überlegen, was im Laufe des Tages passieren könnte.
- Planen Sie Zeit für Unvorhergesehenes ein. Reservieren Sie 2 Stunden pro Tag für Unvorhergesehenes.

- Prioritäten setzen, um zwischen den Bedürfnissen der Kinder und den eigenen Bedürfnissen abzuwägen. Zeit für sich selbst einplanen.
- Die Arbeitsbelastung effektiv delegieren, um mehr Zeit für die Kinderbetreuung und die eigenen Bedürfnisse zu haben. Aufgaben auf möglichst viele Personen verteilen.
- Technologie wie To-Do-Listen und Kalender-Apps nutzen, um den Überblick über Aufgaben und Termine zu behalten. Organisieren Sie sich mit einfachen Zeitmanagement-Tools.
- Minimieren Sie Ablenkungen, um Ihre Produktivität zu steigern. Lassen Sie sich nicht von der Arbeit ablenken.
- Kommunizieren Sie mit Ihrem Partner oder anderen Personen, die Sie unterstützen, um die Verantwortung und die Aufgaben aufzuteilen. Besprechen Sie den Zeitplan mit allen Beteiligten und kommunizieren Sie Änderungen rechtzeitig. Überprüfen Sie den Zeitplan und passen Sie ihn an, um sicherzustellen, dass er den Bedürfnissen von Kindern und Eltern gerecht wird. Flexibel bleiben und Zeitpuffer nutzen.
- Überprüfen Sie die Prioritäten und Ziele regelmäßig, um sicherzustellen, dass sie den aktuellen Bedürfnissen entsprechen, und passen Sie sie gegebenenfalls an. Korrigieren Sie regelmäßig den Zeitplan für den nächsten Monat.

Als Mann und Gentleman sollten Sie in Absprache mit Ihrer Partnerin und den Kindern den Überblick behalten. Greifen Sie ein, wenn Sie merken, dass Ihre Partnerin überfordert ist, und bieten Sie Ihre Hilfe an. Beteiligen Sie sich aktiv an der Familienplanung und gestalten Sie Ihre Karriereplanung möglichst flexibel, um auf unvorhergesehene Ereignisse schnell reagieren zu können.

Die richtigen Prioritäten setzen

Um die richtigen Prioritäten zu setzen, ist es am besten, gemeinsam mit den Kindern eine Prioritätenliste für die Familie zu erstellen und dabei die folgenden Schritte zu befolgen:

1. Identifizieren Sie die wichtigsten Familienbereiche: Überlegen Sie gemeinsam, welche Familienbereiche am wichtigsten sind. Dazu können Familienzeit, Schulaufgaben, Freizeitaktivitäten, Familienausflüge, Gesundheit und Hausarbeit gehören.
2. Schreiben Sie alles auf: Schreiben Sie alle Aktivitäten und Aufgaben auf, die in jedem Familienbereich erledigt werden müssen. Dazu können Familienmahlzeiten, Eltern-Kind-Zeiten, Hausarbeit, Sport und Hobbys gehören.
3. Prioritäten setzen: Ordnen Sie die Aufgaben und Aktivitäten in jedem Familienbereich nach ihrer Wichtigkeit. Überlegen Sie, welche Aktivitäten und Aufgaben für das Wohlbefinden und die Entwicklung Ihrer Kinder am wichtigsten sind.

4. Ausgewogenheit: Achten Sie darauf, dass Ihre Prioritätenliste ein Gleichgewicht zwischen den verschiedenen Familienbereichen herstellt. Es ist wichtig, Zeit für die Familie, für die Erziehung der Kinder und für die persönliche Entwicklung zu haben, um ein ausgewogenes Familienleben zu führen.

5. Überprüfen und anpassen: Überprüfen Sie Ihre Prioritätenliste regelmäßig und passen Sie sie an, um sicherzustellen, dass sie den aktuellen Bedürfnissen und Verpflichtungen Ihrer Familie entspricht.

Bei der Erstellung einer Prioritätenliste für die Familie ist es wichtig, offen und ehrlich miteinander zu kommunizieren und Kompromisse zu schließen. Es ist auch wichtig, realistische Ziele zu setzen und Zeit für Unvorhergesehenes und spontane Aktivitäten einzuplanen. Eine erfolgreiche Prioritätenliste sollte die individuellen Bedürfnisse jedes Familienmitglieds berücksichtigen und gleichzeitig ein Gleichgewicht zwischen den verschiedenen Bereichen der Familie herstellen. Wie könnte eine solche Liste aussehen?

Beispiel einer Prioritätenliste für eine Familie:

1. Familienzeit: Gemeinsame Aktivitäten wie Spieleabende, Spaziergänge, Ausflüge, Filmabende, Picknicks.

2. Bildung: Schul- und Hausaufgaben, Lesen, Lernen, persönliche Entwicklung der Kinder.

3. Gesundheit: Gesunde Ernährung, Bewegung, regelmäßige Arztbesuche.
4. Hausarbeit: Putzen, Waschen, Einkaufen, Kochen.
5. Freizeitaktivitäten: Hobbys, Sport, Musik, Kunst.
6. Eltern-Kind-Zeit: Individuelle Zeit mit jedem Kind, um individuelle Bedürfnisse und Interessen zu fördern.
7. Paarzeit: Zeit für die Partnerschaft und die persönliche Entwicklung beider Partner.
8. Entspannungszeit: Zeit zum Entspannen und Abschalten, um Stress abzubauen und neue Energie zu tanken.
9. Zeit für Freunde und Bekannte, Großeltern und Verwandte.

Diese Liste kann an die Bedürfnisse und Interessen Ihrer Familie angepasst werden. Familienzeit steht für diese Familie an erster Stelle, gefolgt von Bildung und Gesundheit. Es kann auch sein, dass die Zeit für die Partnerschaft (Paarzeit) für ein Paar wichtiger ist und an anderer Stelle weiter oben in der Prioritätenliste steht. Wichtig ist, dass Sie sich als Familie gemeinsam Zeit nehmen, um Ihre Prioritäten festzulegen und sicherzustellen, dass alle Familienmitglieder berücksichtigt werden.

Eine Geschichte dazu: Die Familie Rodriguez hatte zwei kleine Kinder im Alter von 7 und 9 Jahren. Beide Elternteile arbeiteten Vollzeit und hatten Schwierigkeiten, Zeit für die Familie zu finden. Sie beschlossen, Technologie zu nutzen, um ihre Prioritäten zu identifizieren und zu organisieren. Zunächst erstellten sie gemeinsam mit den Kindern eine Liste der wichtigsten

Familienbereiche, darunter Bildung, Freizeitaktivitäten, Hausarbeit und Eltern-Kind-Zeit. Dann nutzten sie eine App, um alle Aufgaben und Aktivitäten zu notieren, die in jedem Bereich erledigt werden mussten. Die App half ihnen auch dabei, die Aufgaben nach Priorität zu ordnen, indem sie jeder Aufgabe einen Farbcode zuordnete, der ihre Wichtigkeit anzeigte. Rot stand für dringende Aufgaben, Gelb für wichtige Aufgaben und Grün für weniger wichtige Aufgaben. Die Familie nutzte die App, um ihre Zeitpläne zu koordinieren und sicherzustellen, dass jeder Partner genügend Zeit für seine eigenen Interessen hatte. Die Kinder waren von der Idee begeistert, da sie mit ihren Handys auch ihre eigenen Aufgaben notieren und verfolgen konnten. Die Familie nutzte die App auch, um Zeit für Familienaktivitäten und Ausflüge zu planen. Sie konnten sehen, welche Aufgaben Priorität hatten und welche später erledigt werden konnten, um mehr Zeit für die Familie oder eigene Aktivitäten zu haben. Alle hatten Einblick in die Kalender der anderen Familienmitglieder. Die Kinder lernten auch, ihre Zeit sinnvoll zu planen und zu organisieren, um ihre Ziele zu erreichen. Die Technologie war ein Mittel, die Prioritäten der Familie zu erkennen und zu ordnen und half ihnen, Zeit für die wichtigen Dinge im Leben zu finden.

Delegation in der Paarbeziehung mit Kindern

Delegation ist ein wichtiger Aspekt, um Zeit und Energie in der Partnerschaft und als Eltern zu sparen. Es kann helfen, Aufgaben effizienter zu erledigen und sicherzustellen, dass jeder

Partner genügend Zeit für seine eigenen Interessen und Bedürfnisse hat. Im Grunde geht es darum, Verantwortung und Kontrolle abzugeben und sich auf die Stärken des Partners zu verlassen.

Das Grundprinzip der Delegation besteht darin, dass der Partner, dem eine Aufgabe übertragen wurde, die Verantwortung für deren effektive Durchführung trägt. Dabei ist es wichtig, klare Ziele und Erwartungen zu definieren, die Aufgabenbereiche festzulegen und dem Ausführenden ausreichend Zeit und Ressourcen zur Verfügung zu stellen. Regelmäßiges Feedback sollte gegeben werden, um sicherzustellen, dass die Delegation von Aufgaben effektiv ist.

Delegieren kann Eltern helfen, den Alltag zu erleichtern und sicherzustellen, dass jeder Partner genügend Zeit für die Kinderbetreuung und persönliche Interessen hat. Dabei sollten die Stärken und Vorlieben beider Partner berücksichtigt werden, um die Aufgaben effektiv zu verteilen. Kinder sollten so früh wie möglich in die Arbeitsteilung einbezogen werden, indem sie zum Beispiel kleinere Aufgaben wie Aufräumen oder Tischdecken übernehmen. Kinder sollten jedoch nicht mit Aufgaben betraut werden, die sie überfordern könnten. Zum Beispiel, wenn ein Kind noch sehr klein ist, aber schon auf seine kleine Schwester oder seinen kleinen Bruder aufpassen soll. Das ist Aufgabe der Eltern, nicht des Kindes.

Delegieren in der Partnerschaft und als Eltern bedeutet, Verantwortung und Kontrolle abzugeben. Dies erfordert Vertrauen und Offenheit, um sicherzustellen, dass die Aufgaben effektiv erledigt werden und jeder Partner genügend Zeit für seine eigenen Bedürfnisse hat. Es ist von Vorteil, die Aufgabenverteilung regelmäßig zu besprechen und gegebenenfalls anzupassen, um sicherzustellen, dass beide Partner mit der Aufgabenverteilung zufrieden sind.

Ein Beispiel dafür, wie Delegation in der Partnerschaft und als Eltern funktionieren kann, ist, dass ein Partner die Kinderbetreuung übernimmt, während der andere sich um den Haushalt kümmert. Jeder Partner hat Zeit für seine eigenen Interessen und kann sich auf seine Stärken konzentrieren. Die Kinder können in die Arbeitsteilung einbezogen werden, indem sie zum Beispiel beim Aufräumen oder Tischdecken helfen. Auf diese Weise kann Delegation helfen, den Alltag effektiver zu gestalten und jedem Partner genügend Zeit für seine eigenen Bedürfnisse zu geben.

Eine Geschichte dazu: Es war ein anstrengender Monat für die Familie Bernhard. Die Eltern arbeiteten beide in Vollzeit und hatten zwei kleine Kinder im Alter von 5 und 8 Jahren. Der Tag begann früh und endete spät, und die Familie hatte wenig Zeit für gemeinsame Aktivitäten. Eines Abends beschlossen die Eltern, dass es an der Zeit sei, etwas zu ändern. Sie setzten sich mit den Kindern zusammen und erklärten ihnen, dass sie gemeinsam Zeit sparen müssten, um mehr Zeit für gemeinsame Familienaktivitäten zu haben. Die Kinder waren von der Idee begeistert und wollten helfen. Zuerst setzten sich die Eltern zusammen und erstellten eine Liste mit Aufgaben, die jeder erledigen könnte. Dann besprachen sie die möglichen Aufgaben mit den Kindern, um deren Zustimmung einzuholen. Die ältere Tochter wurde mit dem Abwasch beauftragt, der Sohn mit dem Aufhängen der Wäsche. Die jüngere Tochter war für das Aufräumen des Spielzimmers zuständig. Die Eltern übernahmen das Kochen und die Hausarbeit. In den ersten Tagen war es nicht einfach, aber die Familie arbeitete zusammen und jeder machte seinen Teil. Am Wochenende hatten sie endlich mehr Zeit füreinander. Sie beschlossen, einen Ausflug in den nahe gelegenen Spielpark zu machen, um Zeit miteinander zu verbringen. Die Kinder waren ganz aufgeregt und halfen, den Picknickkorb zu packen und die Spielsachen für den Park zusammenzustellen. Es war ein wunderschöner Tag im Park und die Familie genoss die gemeinsame Zeit. Sie spielten Frisbee, machten ein Picknick und spielten zusammen im Sand. Die Eltern waren glücklich zu sehen, wie viel Spaß ihre Kinder hatten, und die Kinder waren glücklich, dass ihre Eltern Zeit für sie hatten.

Die Familie hatte gelernt, wie Delegieren helfen kann, Zeit zu sparen und mehr Zeit miteinander zu verbringen. Durch das gemeinsame Arbeiten und die Aufgabenteilung hatten sie Zeit für Aktivitäten und Qualitätszeit als Familie. Die Kinder lernten, Verantwortung zu übernehmen und zu helfen, und fühlten sich stolz und zugehörig.

Kapitel 4:

Sex und Intimität als Eltern mit Kindern

Sexualität und Sex: Was ist das?

Dieses Kapitel des Buches beschäftigt sich etwas ausführlicher mit dem Thema Sexualität, weil es in vielen Beziehungen deshalb kriselt, weil beide Partner nach der Geburt eines Kindes sehr starken Fokus auf das Kind richten und dabei meist die eigenen Bedürfnisse in Punkto Nähe, Sexualität und Sex verdrängen. Sexualität ist ein zentraler Bestandteil des menschlichen Erlebens und ein wichtiger Bestandteil intimer Beziehungen. Eine erfüllte und ausgewogene Sexualität in einer Paarbeziehung mit Kind kann das Wohlbefinden und die Bindung zwischen den Partnern stärken und sich positiv auf die Gesamtqualität der Beziehung auswirken. Romantisch ausgedrückt:

Sexualität in ihrer romantischsten Form ist die verführerische Melodie zweier im Einklang schlagender Herzen, die sich in einer sinnlichen Symphonie der Leidenschaft verlieren. Es ist das zärtliche Flüstern einer Liebeserklärung, die Verschmelzung von Körper, Geist und Seele, wenn zwei Liebende eins werden. In diesen kostbaren Momenten der Hingabe entfaltet sich die wahre Schönheit der Intimität, und die Welt um sie herum verblasst, während ihre Liebe in einem Rausch der Ekstase erblüht. Im leidenschaftlichen Tanz der Zuneigung entdecken sie die geheimen Wünsche und Sehnsüchte des anderen wie zarte Blütenblätter, die sich langsam entfalten. Gemeinsam erforschen sie die Tiefen ihrer Verbundenheit, wie Sterne, die am Nachthimmel funkeln, und entzünden in ihren Herzen das ewige Feuer der Liebe. Die wahre Essenz der romantischen Sexualität liegt in diesen magischen Momenten, in denen Raum und Zeit verschmelzen und das Universum selbst zu einer einzigen, unendlichen Liebkosung wird.

Sexualität ist ein weit gefasster Begriff, der die Art und Weise umfasst, wie Menschen ihre erotischen und emotionalen Bedürfnisse, Wünsche und Fantasien ausdrücken. Dies kann körperliche, emotionale und soziale Aspekte umfassen und sich in verschiedenen Formen wie sexuellen Handlungen, Kommunikation, emotionaler Nähe und dem Teilen von Intimität mit anderen manifestieren. Sexualität ist nicht auf Geschlechtsverkehr beschränkt, sondern umfasst auch andere Formen des sexuellen Ausdrucks und der Intimität wie Zärtlichkeit, Berührungen, Küsse und gemeinsame Fantasien.

Im Gegensatz zu Sexualität ist Sex ein Begriff, der häufig verwendet wird, um sexuelle Aktivitäten oder Geschlechtsverkehr zwischen Menschen zu beschreiben. Im engeren Sinne bezieht sich Sex auf den körperlichen Akt des Geschlechtsverkehrs, bei dem in der Regel ein Körperteil oder ein Gegenstand in eine Körperöffnung einer anderen Person eindringt, meist mit dem Ziel der sexuellen Befriedigung oder der Fortpflanzung. In heterosexuellen Beziehungen bezieht sich dies normalerweise auf den Koitus, bei dem der Penis in die Scheide eingeführt wird. Bitte beachten Sie, dass Sex nicht auf Geschlechtsverkehr beschränkt ist. Sex kann auch andere sexuelle Aktivitäten umfassen, die Menschen praktizieren, um Lust, Erregung und emotionale Nähe zu erleben, wie z. B. Oralverkehr, Analverkehr, Petting oder Masturbation. Sex umfasst sowohl körperliche als auch emotionale Aspekte und kann von Person zu Person und von Beziehung zu Beziehung unterschiedlich erlebt und interpretiert werden.

Sexualität ist ein natürlicher Bestandteil des menschlichen Lebens und kann in verschiedenen Kontexten stattfinden, einschließlich romantischer Beziehungen, gelegentlicher sexueller Beziehungen oder Freundschaften mit bestimmten Vorteilen. Jeder Mensch hat unterschiedliche Bedürfnisse, Vorlieben und Grenzen in Bezug auf Sexualität. Offene Kommunikation, Einverständnis und Respekt sind für ein erfülltes und gesundes Sexualleben von entscheidender Bedeutung.

Es gibt verschiedene Arten der Sexualität, die von Paaren praktiziert werden können, um ihre Intimität und ihr sexuelles Vergnügen zu steigern. In der Regel handelt es sich dabei um:

Romantische Liebe: Hier steht die emotionale Bindung und Zuneigung zwischen den Partnern im Vordergrund. Es geht um das Teilen von Gefühlen, Zärtlichkeit, emotionaler Unterstützung und gemeinsamen Erlebnissen.

Leidenschaftliche Liebe: Diese Art von Sexualität ist gekennzeichnet durch starke sexuelle Anziehung und Begehren, verbunden mit intensiven Emotionen wie Lust und Eifersucht.

Körperliche Intimität: Hier geht es um den Austausch von Berührungen, Küssen, Streicheln und anderen Formen der körperlichen Nähe, die zur Erregung und Entspannung beitragen.

Sexuelle Aktivitäten: Dazu gehören Geschlechtsverkehr, Oralverkehr, Masturbation und andere sexuelle Handlungen, die Paare gemeinsam oder allein ausüben können.

Erotisches Spiel: Hierbei handelt es sich um Aktivitäten, die die sexuelle Fantasie anregen und das sexuelle Vergnügen steigern, wie zum Beispiel Rollenspiele, Verkleidungen, erotische Literatur oder Filme.

Fetische und Kinks: Einige Paare haben besondere Vorlieben oder Interessen, die ihr sexuelles Erleben bereichern, wie zum Beispiel BDSM (Bondage, Disziplin, Dominanz, Submission, Sadismus und Masochismus), Fußfetisch oder andere spezifische Praktiken.

In den meisten Fällen ist Sex mit vielen Fantasien verbunden, die eher harmlos sind und mit der romantischen Liebe zu tun haben. Die folgenden Geschichten passen sehr gut dazu:

Emma und Max: An einem lauen Sommerabend schlenderten Emma und Max Hand in Hand entlang der Küste. Die untergehende Sonne tauchte den Himmel in eine berauschende Mischung aus Orange und Rot, während die Wellen sanft an ihre Füße plätscherten. Sie waren seit Jahren ein Paar, hatten zwei noch jüngere Kinder, die Sie bei den Großeltern untergebracht hatten, um sich einen gemeinsamen Kurzurlaub am Meer zu gönnen. Sie teilten viele wunderschöne Momente als Familie miteinander, doch dieser Abend sollte etwas ganz Besonderes für Sie als Paar werden. Als sie an einer abgelegenen Bucht ankamen, umgeben von imposanten Klippen und üppigem Grün, spürten sie die Magie dieses Ortes. Max führte Emma zu einer versteckten Höhle, die nur bei Ebbe zugänglich war. Ihre Neugier geweckt, folgte sie ihm in die geheimnisvolle Grotte, in der das Licht der untergehenden Sonne durch kleine Öffnungen schimmerte und ein goldenes Glühen erzeugte. Die Atmosphäre in der Höhle war elektrisierend, und Emma spürte, wie Max sie fester an sich zog. Ihre Blicke trafen sich, und sie verloren sich in den Tiefen der Augen des jeweils anderen. Max zog Emma näher zu sich heran und küsste sie leidenschaftlich. In diesem Moment verschmolzen sie miteinander, und alles andere um sie herum schien in den Hintergrund zu treten. Während sie sich weiter küssten, begannen sie, sich gegenseitig langsam zu entkleiden, wobei jede Berührung eine Welle der Erregung durch ihren Körper jagte. Max legte eine

Decke auf den Boden der Höhle, und sie ließen sich darauf nieder. Umgeben von der Schönheit der Natur und dem beruhigenden Rauschen des Meeres, gaben sie sich ihrer Leidenschaft hin. Max streichelte zärtlich Emmas Körper und küsste jeden Zentimeter ihrer Haut, während sie vor Vergnügen keuchte. Sie tauschten liebevolle Blicke aus und spürten, wie ihre Seelen sich immer enger verbanden. Emma führte Max' Hände über ihren Körper und zeigte ihm, wie sie berührt werden wollte. Sie erforschten gemeinsam die unendlichen Facetten ihrer Lust und entdeckten immer neue Höhen der Ekstase. In der Geborgenheit dieser geheimnisvollen Grotte erlebten Emma und Max die erfüllendste und leidenschaftlichste Nacht ihres Lebens. Ihre Körper verschmolzen in einem sinnlichen Tanz der Liebe, während sie einander ihre tiefsten Wünsche und Sehnsüchte offenbarten. In diesem intimen Moment fanden sie wahre Erfüllung und spürten, dass ihre Liebe stärker war als je zuvor. Als die Nacht hereinbrach und die Sterne am Himmel funkelten, lagen Emma und Max eng umschlungen auf ihrer Decke, erschöpft und zufrieden. Sie wussten, dass dieser besondere Ort für immer in ihren Herzen bleiben würde, ein Symbol für ihre unvergängliche Liebe und die Leidenschaft, die sie miteinander teilten. Hand in Hand schliefen sie ein, während das Meer sanft ihre geheime Höhle umspülte, ein perfektes Refugium ihrer Liebe. Im Morgengrauen erwachten Emma und Max, als die ersten Sonnenstrahlen durch die Öffnungen der Höhle drangen und die Grotte in ein warmes, goldenes Licht tauchten. Sie sahen einander tief in die Augen und spürten die Liebe, die sie in dieser Nacht noch enger zusammengebracht hatte. Mit einem zärtlichen Kuss und einem liebevollen Lächeln begannen sie, ihre Sachen zu packen und sich wieder anzukleiden. Als sie die Höhle verließen und das Meer in der aufgehenden Sonne glitzerte, wussten sie, dass sie einen magischen Ort gefunden hatten, der ihre Liebe und Leidenschaft auf eine Weise entfacht hatte, die sie nie zuvor erlebt hatten. Diese Nacht würde für immer in ihren Erinnerungen bleiben, ein leuchtendes Symbol ihrer unvergänglichen Liebe und der Verbindung, die sie teilten. Emma und Max beschlossen, die Bucht in den kommenden Jahren immer wieder zu besuchen, um sich eine Auszeit von ihren Kindern zu nehmen und um ihre Liebe und Leidenschaft erneut zu entfachen und die Magie dieses besonderen Ortes zu spüren. Jedes Mal, wenn sie die Höhle betraten, erinnerten sie sich an die Nacht, in der sie wahre Erfüllung und tiefe Verbundenheit miteinander gefunden hatten, und ihre Liebe wuchs nur noch stärker.

Die Geschichte von Emma und Max zeigt, dass Liebe, Leidenschaft und Erfüllung auch an unerwarteten Orten gefunden werden können. Es sind die gemeinsamen Erlebnisse, die intimen Momente und die tiefe Verbundenheit, die ein Paar auf eine sinnliche Reise der Entdeckung führen und ihre Beziehung auf eine höhere Ebene heben. Mit einer gelegentlichen Auszeit von Kindern bleibt die Magie der Liebe lebendig, was der Familie und der Verbindung als Paar guttut.

Lucia und David: Lucia und David, waren Eltern eines kleinen Jungen namens Jonas, den sie bei ihrer Babysitterin abgegeben hatten. Sie hatten einen langen, anstrengenden Tag hinter sich. Erschöpft von der Arbeit hatten sie beschossen, einen Abend endlich mal wieder allein als Paar zu verbringen und sich gegenseitig zu verwöhnen. Sie zündeten Kerzen an und legten weiche Kissen auf den Boden, um eine gemütliche Atmosphäre zu schaffen. Lucia setzte sich auf eines der Kissen und schloss die Augen. David kniete sich hinter sie und begann, ihre Schultern sanft zu massieren. Er fühlte, wie sich die Spannung in ihren Muskeln langsam löste, während seine behutsamen Berührungen sie in einen Zustand tiefer Entspannung versetzten. Mit geschmeidigen Bewegungen strichen seine Hände über ihren Rücken, ihre Arme und ihre Hände, wobei er stets darauf bedacht war, sanft und achtsam vorzugehen. David spürte, wie Lucia immer entspannter wurde, und führte sie vorsichtig auf den Rücken. Er legte ein kleines Handtuch über ihre Augen, um ihre Sinne zu schärfen und die Erfahrung intensiver zu gestalten. Lucia gab sich vertrauensvoll in seine Hände und genoss die zärtlichen Berührungen ihres Partners. David küsste nun sanft Lucias Stirn, ihre Wangen und ihre Lippen, während seine Hände weiterhin sanft ihren Körper erkundeten. Er streichelte ihren Hals und ihr Dekolleté und arbeitete sich langsam in Richtung ihrer Brust vor. Jede Berührung war behutsam und liebevoll, und Lucia spürte, wie sich in ihrem Inneren eine wohlige Wärme ausbreitete. Langsam und bedacht küsste David Lucias Körper, während seine Hände ihre Hüften und Oberschenkel erkundeten. Seine Finger streiften zärtlich über ihre empfindliche Haut, während seine Küsse immer näher an ihre Intimzone kamen. Lucia atmete tief ein und spürte, wie sich die Erregung in ihr ausbreitete. Als David schließlich ihre Intimzone erreichte, nahm er sich Zeit, um Lucia langsam und behutsam zu erforschen. Mit zärtlichen Berührungen und sanften Liebkosungen brachte er sie immer näher an den Höhepunkt. Lucia atmete schwer und stöhnte leise vor Vergnügen, während sie sich ihrem Liebsten ganz hingab. Auch David ließ sich von der sinnlichen Stimmung anstecken und spürte, wie sein Verlangen wuchs. Lucia griff nach seiner Hand und führte sie zu ihrem Körper, um ihm zu zeigen, wie sie berührt werden wollte. Sie tauschten liebevolle Blicke aus und spürten, wie ihre Seelen sich in diesem intimen Moment verbanden. Langsam und achtsam brachten sie sich gegenseitig immer näher an den Gipfel ihrer Lust. Die Welt um sie herum schien stillzustehen, während sie sich gemeinsam in einer Welt der sinnlichen Berührungen und der erotischen Intimität verloren. Schließlich erreichten sie den Höhepunkt, erschöpft und zufrieden in den Armen des anderen. Diese Nacht hatten Lucia und David eine ganz besondere Erfahrung geteilt – eine Erfahrung von zärtlicher Liebe und erotischer Verbundenheit, die ihre Beziehung auf eine neue Ebene hob. Sie hatten die Schönheit der Langsamkeit und Achtsamkeit entdeckt und wie diese sie näher zueinander brachte. Nachdem sie sich von ihrem Höhepunkt erholt hatten, schmiegten sie sich eng aneinander und tauschten sanfte Küsse und liebevolle Worte aus. In diesem Moment spürten sie, wie tief ihre Liebe füreinander war und dass sie in ihrer Beziehung eine neue Ebene der Intimität erreicht hatten. In den kommenden Monaten und Jahren nahmen sich Lucia und David immer wieder Zeit, um solche sinnlichen, achtsamen Nächte miteinander zu verbringen. Sie lernten, die Langsamkeit zu schätzen und die Magie der zärtlichen Berührungen zu genießen. In diesen intimen Momenten wuchsen ihre Liebe und Verbundenheit immer weiter, und sie wurden ein noch stärkeres, glücklicheres Paar.

Die Geschichte von Lucia und David zeigt, wie wichtig es ist, sich Zeit zu nehmen, um gelegentlich die sinnlichen Aspekte der Liebe zu erkunden und sich auch mit einem kleinen Kind gegenseitig mit Achtsamkeit und Zärtlichkeit zu verwöhnen. Eine solche Hingabe und Intimität kann nicht nur zu einer tieferen emotionalen Bindung führen, sondern auch dazu beitragen, ein erfülltes und glückliches Liebesleben als Paar mit Kind zu genießen.

Paarsexualität – erfüllt und ausgeglichen

In einer erfüllten sexuellen Paarbeziehung mit Kind ist es wichtig, dass beide Partner auch miteinander zufrieden und glücklich sind. Für den Mann, der sich als Gentleman versteht und eine solche Beziehung anstrebt, bedeutet dies, bestimmte Verhaltensweisen und Prinzipien zu beachten, um ein harmonisches, liebevolles und befriedigendes Miteinander zu gewährleisten. Grundlegende Aspekte, die zu einer erfüllten sexuellen Paarbeziehung mit Kind beitragen können, sind:

Offene Kommunikation: Hören Sie Ihrer Partnerin aufmerksam zu und sprechen Sie offen über Ihre Wünsche, Bedenken und Erwartungen. Eine gute Kommunikation ist der Schlüssel zu einer erfolgreichen Beziehung und sexuellen Erfüllung.

Respekt und Empathie: Zeigen Sie Ihrer Partnerin Respekt und Verständnis. Achten Sie darauf, ihre Gefühle, Wünsche und Bedürfnisse zu respektieren und versuchen Sie, sich in ihre Lage zu versetzen. Als Gentleman sollten die individuellen Unterschiede und Vorlieben ihrer Partnerin akzeptieren und respektieren, ohne zu urteilen oder Druck auszuüben. Jeder Mensch hat unterschiedliche Bedürfnisse und Grenzen, und es ist wichtig, diese anzuerkennen und zu respektieren.

Geduld und Einfühlungsvermögen: Gehen Sie einfühlsam und geduldig mit Ihrer Partnerin um, insbesondere wenn es um sexuelle Themen geht. Geben Sie ihr die Zeit und den Raum, die sie benötigt, um sich zu öffnen und Vertrauen aufzubauen. Zeigen Sie Verständnis für ihre Rolle als Mutter, die sie mit Ihrer Paarbeziehung in Einklang bringen muss.

Emotionaler Beistand: Eine starke emotionale Bindung zwischen Ihnen und Ihrer Partnerin kann dazu beitragen, ein Klima der Sicherheit und Geborgenheit für alle Familienmitglieder zu schaffen, bei der auch die sexuelle Intimität gedeihen kann.

Romantik und Zärtlichkeit: Überraschen Sie Ihre Partnerin ab und zu mit romantischen Gesten und zeigen Sie ihr, wie

sehr Sie sie schätzen. Kleine Aufmerksamkeiten und liebevolle Berührungen können die emotionale Intimität in Ihrer Beziehung vertiefen und zu einer erfüllenden Sexualität beitragen.

Gleichberechtigung und Konsens: Achten Sie darauf, dass
Ihre sexuellen Begegnungen von gegenseitigem Einverständnis und Gleichberechtigung geprägt sind. Stellen Sie sicher,
dass Ihre Partnerin sich in jeder Situation wohlfühlt und ihre
Zustimmung gibt.

Experimentierfreude: Seien Sie offen für neue Erfahrungen
und bereit, gemeinsam mit Ihrer Partnerin neue sexuelle Praktiken und Fantasien zu erkunden. Dies kann dazu beitragen,
die sexuelle Erfüllung in Ihrer Beziehung zu steigern. Ein Kind
sollte Sie nicht davon abhalten, Ihre sexuellen Erlebnisse auf-
regend und abwechslungsreich zu gestalten.

Selbstreflexion und Selbstbewusstsein: Beschäftigen Sie
sich mit Ihrer eigenen Sexualität und Ihren Bedürfnissen.
Seien Sie sich Ihrer Stärken und Schwächen bewusst und arbeiten Sie daran, ein besserer Liebhaber und Partner zu werden. Sprechen Sie als Mann und Vater mit Ihrer Partnerin darüber, wie es Ihnen beiden mit Ihrer Sexualität als Eltern geht.

Intimität pflegen: Nehmen Sie sich Zeit, um ihre Beziehung
und ihre Intimität zu pflegen, indem sie regelmäßig Zeit miteinander verbringen, Zärtlichkeit austauschen und einander

Wertschätzung zeigen. Planen Sie eine Auszeit vom Kind oder den Kindern dafür ein.

Konflikte konstruktiv lösen: Unterschiede und Konflikte sind in jeder Beziehung unvermeidlich. Als Paar sollten lernen, diese konstruktiv und respektvoll zu lösen, um ihre Beziehung und ihre sexuelle Intimität zu stärken. In der Regel führen Konflikte auch zu einer Verminderung der sexuellen Aktivitäten eines Paares, weil die Partner wegen der Kinder gerade nicht in Stimmung sind.

Flexibilität und Anpassungsfähigkeit: Sie sollten dazu bereit sein, sich im Laufe der Zeit an Veränderungen in ihrer Beziehung und ihren sexuellen Bedürfnissen anzupassen. Flexibilität und Offenheit für Veränderungen können dazu beitragen, eine erfüllte Sexualität aufrechtzuerhalten.

Intimität jenseits des Sexuellen: Eine erfüllte Sexualität in einer Paarbeziehung umfasst auch die Intimität jenseits des Sexuellen. Als Paar und auch als Gentleman sollten Sie darauf achten, auch in anderen Aspekten ihrer Beziehung Nähe und Verbundenheit zu fördern, wie zum Beispiel durch gemeinsame Interessen, Gespräche und gegenseitige Unterstützung.

Bildung und Aufklärung: Informieren Sie sich über sexuelle Gesundheit, Anatomie, Verhütung und andere Aspekte der Sexualität. Dies kann dazu beitragen, Ängste und Missverständnisse abzubauen und ein sicheres und erfülltes Sexualleben zu fördern. Erkundigen Sie sich, welche Empfehlungen es für ein Paar mit Kind gibt.

Indem Sie diese Aspekte in der Beziehung zu ihrer Traumfrau und Partnerin berücksichtigen und sich bemühen, ein einfühlsamer, respektvoller und liebevoller Partner zu sein, können Sie eine erfüllte und ausgeglichene sexuelle Paarbeziehung mit Kind aufbauen.

Was zeichnet eine befriedigende Sexualität aus

Eine befriedigende Sexualität ist das harmonische Zusammenspiel von körperlicher Nähe, emotionaler Verbundenheit und sinnlichem Vergnügen, das zwei Menschen miteinander teilen. Sie ist geprägt von Leidenschaft, Intimität und einer tiefen Verbindung, die weit über das rein Körperliche hinausgeht. In einer Welt voller Hektik und Ablenkungen ist es eine seltene und wertvolle Erfahrung, sich vollkommen dem Moment und der Liebe hinzugeben. Wie würde ein Romantiker das tiefe Gefühl sexueller Zufriedenheit aus Sicht der beiden Geschlechter beschreiben?

Eine romantische und befriedigende Sexualität, voller Leidenschaft aus der Sicht einer Frau, ist wie ein sinnliches Gedicht, das in den Tiefen ihrer Seele geschrieben wird. Es ist das zarte Streicheln der Liebe, das ihren Körper und Geist zum Beben bringt, während sie sich in den Armen ihres Partners verliert. Diese kostbaren Momente sind geprägt von tiefer Vertrautheit, unendlicher Zärtlichkeit und einer Leidenschaft, die die Funken ihrer Gefühle entzündet. Für eine Frau bedeutet eine solche Erfahrung, sich völlig hinzugeben und gleichzeitig in der liebevollen Umarmung ihres Geliebten aufgehoben zu sein. Es ist das Entdecken eines geheimen Gartens der Lust, in dem jeder Kuss und jede Berührung das Versprechen einer unerforschten Welt voller Ekstase und Freude birgt. Die sanfte Führung und die respektvolle Hingabe ihres Partners lassen sie ihre eigenen Wünsche und Sehnsüchte erkennen und verwirklichen.

Die wahre Schönheit einer romantischen und leidenschaftlichen Sexualität aus der Perspektive einer Frau liegt in der Magie der Verbundenheit, die sie mit ihrem Liebsten teilt. In diesen erfüllenden Augenblicken spürt sie, wie ihre Herzen im gleichen Rhythmus schlagen, während ihre Seelen im Tanz der Liebe verschmelzen. Es ist die wundervolle Gewissheit, dass sie gemeinsam auf einer sinnlichen Reise sind, die sie in die unergründlichen Tiefen ihrer Gefühle und ihrer Hingabe aneinander führt.

Eine befriedigende Sexualität mit Leidenschaft und einem Hauch von Romantik aus der Sicht eines Mannes ist wie das entfesselte Feuer der Liebe, das in seiner Brust lodert. Es ist das erhabene Gefühl, sich mit seiner Partnerin zu verbinden, während sie gemeinsam eine Welt der sinnlichen Erfüllung und emotionalen Nähe erkunden. In diesen unvergesslichen Momenten fühlt sich der Mann gestärkt und zugleich von der liebevollen Umarmung seiner Geliebten getragen. Für einen

Mann ist diese Erfahrung geprägt von tiefer Verbundenheit und dem Verlangen, seine Partnerin auf allen Ebenen – körperlich, emotional und seelisch – zu verwöhnen. Jede zärtliche Berührung, jeder innige Kuss und jede liebevolle Geste sind Ausdruck seiner Zuneigung und Hingabe, die von Leidenschaft und einem Hauch von Romantik durchdrungen sind.

Die wahre Essenz einer befriedigenden Sexualität aus der Perspektive eines Mannes liegt in der Fähigkeit, die Bedürfnisse und Wünsche seiner Partnerin zu erkennen und auf sie einzugehen. Dabei spielt die respektvolle und aufmerksame Kommunikation eine entscheidende Rolle. Im Tanz der Liebe entsteht ein harmonisches Zusammenspiel, in dem beide Partner abwechselnd führen und folgen, sich gegenseitig herausfordern und ermutigen. In diesen leidenschaftlichen und romantischen Augenblicken entdeckt der Mann die unendlichen Facetten der Liebe und Sexualität. Es ist die innige Verschmelzung von Körper, Geist und Seele, die ihm die Gewissheit gibt, mit seiner Partnerin auf einer sinnlichen Reise verbunden zu sein, die von tiefer Zufriedenheit und gemeinsamer Ekstase erfüllt ist.

Unter Männern und Gentleman sei klar gesagt: Wer nicht mit seiner Partnerin über Sexualität redet und dafür sorgt, dass die gegenseitigen Bedürfnisse – auch in einer Familie mit Kind – erfüllt werden, der kann unter Umständen auf eine erfüllte Sexualität verzichten.

Unterschiede zwischen Mann und Frau

Es ist ein weit verbreiteter Mythos, dass Männer immer Lust auf Sex haben und Frauen nur bedingt. Tatsächlich variieren sexuelle Bedürfnisse und Wünsche von Individuum zu Individuum, unabhängig vom Geschlecht. Es ist jedoch richtig, dass es einige Unterschiede zwischen den sexuellen Bedürfnissen von Männern und Frauen gibt, die auf biologischen, psychologischen und sozialen Faktoren beruhen.

Biologische Unterschiede: Testosteron, das primäre Sexualhormon bei Männern, ist mit einem erhöhten Sexualtrieb verbunden. Männer haben im Allgemeinen höhere Testosteronspiegel als Frauen, was dazu führen kann, dass sie öfter sexuelle Lust empfinden. Frauen hingegen haben einen komplexeren Hormonzyklus, der ihre Libido beeinflusst. Phasen wie Menstruation, Schwangerschaft oder Menopause können das sexuelle Verlangen einer Frau beeinflussen.

Psychologische und emotionale Unterschiede: Männer und Frauen erleben sexuelle Lust und Erregung oft auf unterschiedliche Weise. Männer reagieren tendenziell stärker auf visuelle Reize, während Frauen eher emotionale und intime Aspekte der Sexualität priorisieren. Die emotionale Verbindung zu ihrem Partner kann für Frauen eine wichtigere Rolle spielen, um in Stimmung für sexuelle Aktivitäten zu kommen.

Soziale und kulturelle Unterschiede: Die Erziehung und gesellschaftliche Normen beeinflussen, wie Männer und Frauen ihre Sexualität ausleben und wahrnehmen. Historisch gesehen wurden Frauen oft ermutigt, ihre sexuellen Wünsche zu unterdrücken oder als weniger wichtig zu betrachten, während Männern mehr sexuelle Freiheit zugestanden wurde. Diese kulturellen Einflüsse können dazu führen, dass Frauen möglicherweise weniger offen mit ihrem sexuellen Verlangen umgehen und in manchen Situationen weniger Lust empfinden.

Brauchen Männer mehr Befriedigung als Frauen

Hormonelle Unterschiede spielen eine große Rolle bei den unterschiedlichen Bedürfnissen von Männern und Frauen. Testosteron, das Hormon, das für den Sexualtrieb verantwortlich ist, kommt bei Männern in höheren Mengen vor als bei Frauen. Dies kann dazu führen, dass Männer im Durchschnitt häufiger sexuelle Befriedigung suchen als Frauen.

Biologische Unterschiede sind ebenso ein wichtiger Faktor. Im Gegensatz zu Frauen haben Männer eine kürzere Refraktärzeit nach dem Orgasmus, was bedeutet, dass sie nach einer kürzeren Ruhephase wieder sexuell aktiv sein können. Dies kann dazu führen, dass Männer häufiger sexuelle Aktivitäten suchen.

Bezüglich der Unterschiede in der Empfindung bei Orgasmen ist zu beachten, dass Orgasmen bei Männern und Frauen ähnliche neurologische Prozesse auslösen. Jedoch können sich die Empfindungen aufgrund von anatomischen und physiologischen Unterschieden unterscheiden. Während Männer in der Regel auf direkte Stimulation der Genitalien reagieren, benötigen Frauen möglicherweise mehr Variationen in der Stimulation und mehr Zeit, um einen Orgasmus zu erreichen.

Für Paare, die darauf achten möchten, dass beide Partner sexuell befriedigt werden, ist es wichtig, offen und ehrlich über ihre Bedürfnisse, Wünsche und Grenzen zu sprechen. Eine gute Kommunikation ist der Schlüssel, um sicherzustellen, dass beide Partner auf ihre Bedürfnisse eingehen und ein erfüllendes Sexualleben führen können. Es kann hilfreich sein, aufmerksam zuzuhören, wenn Ihr Partner seine Vorlieben und Abneigungen teilt, und bereit zu sein, verschiedene Techniken und Herangehensweisen auszuprobieren, um sicherzustellen, dass beide Partner sexuell befriedigt sind.

Es gibt auch Unterschiede in der Orgasmuszeit und der wahrgenommenen Intensität zwischen Männern und Frauen, die sich auf das Sexualverhalten und die Erfahrung beider Geschlechter auswirken können. Männer erreichen im Allgemeinen schneller einen Orgasmus als Frauen. Studien haben gezeigt, dass die durchschnittliche Zeit bis zum Orgasmus bei Männern etwa 5-7 Minuten beträgt, während Frauen im Durchschnitt 20 Minuten oder länger benötigen. Dieser Unterschied kann in einer sexuellen Beziehung zu Diskrepanzen führen, wenn Männer ihren Höhepunkt schneller erreichen und möglicherweise weniger motiviert sind, ihre Partnerinnen weiter zu stimulieren, um sicherzustellen, dass auch sie einen Orgasmus erreichen.

Die wahrgenommene Intensität von Orgasmen kann bei Männern und Frauen ebenfalls variieren. Obwohl es schwierig ist, die Intensität von Orgasmen objektiv zu messen, berichten Frauen häufig von stärkeren und intensiveren Orgasmen als Männer, insbesondere wenn sie durch klitorale Stimulation oder eine Kombination aus klitoraler und vaginaler Stimulation erreicht werden.

Die Intensität eines Orgasmus kann von Person zu Person variieren, unabhängig vom Geschlecht. Allerdings gibt es konkrete Faktoren, die dazu führen können, dass Männer im Vergleich zu Frauen eine geringere Intensität beim Orgasmus erleben. Frauen haben eine höhere Konzentration von Nervenenden in der Klitoris, die bei Stimulation intensive Empfindungen erzeugen können. Diese hohe Konzentration von Nervenenden kann dazu führen, dass Frauen intensivere Orgasmen erleben, verglichen mit Männern, die ihre Hauptstimulation durch den Penis erhalten. Frauen besitzen die Fähigkeit, multiple Orgasmen in kurzer Zeit zu erleben, während Männer in der Regel eine Refraktärzeit benötigen, bevor sie wieder einen Orgasmus erreichen können. Die Erfahrung mit mehreren Orgasmen in kurzer Zeit kann dazu führen, dass Frauen ihre Orgasmen als intensiver wahrnehmen. Orgasmen sind nicht nur körperliche Empfindungen, sondern auch emotionale Erfahrungen. Frauen können durch eine tiefere emotionale Verbindung mit ihrem Partner und ein höheres Maß an

Vertrauen intensivere Orgasmen erleben. Wenn Männer sich emotional weniger verbunden fühlen oder ihre eigenen Emotionen weniger in den sexuellen Akt einbringen, kann dies die Intensität ihres Orgasmus beeinflussen.

Frauen benötigen oft mehr Zeit, um einen Orgasmus zu erreichen, und sie erleben während dieser Zeit eine stärkere sexuelle Erregung. Diese gesteigerte Erregung kann dazu beitragen, dass der Orgasmus intensiver wahrgenommen wird. Männer erreichen im Durchschnitt schneller einen Orgasmus, was dazu führen kann, dass die Intensität des Orgasmus geringer erscheint.

Die Unterschiede in der Orgasmuszeit, der Orgasmusfähigkeit und der wahrgenommenen Intensität können Auswirkungen auf sexuell aktive Männer haben. Einerseits kann der Druck, ihre Partnerin zum Orgasmus zu bringen, Stress und Ängste bei Männern verursachen, was ihre sexuelle Leistungsfähigkeit beeinträchtigen kann. Andererseits kann es Männer dazu motivieren, mehr über die sexuellen Bedürfnisse ihrer Partnerinnen zu erfahren und Techniken zu erlernen, die ihnen helfen, gemeinsam einen erfüllenden Höhepunkt zu erreichen. Es ist wichtig, dass Sie als Mann und Gentleman diese Unterschiede erkennen und sich bemühen, zuerst auf die Bedürfnisse ihrer Partnerin einzugehen, bevor Sie ihre eigenen Wünsche äußern. Indem Sie als Gentlemen die Unterschiede anerkennen und sich bemühen, darauf einzugehen, können sie eine stärkere emotionale und körperliche Verbindung mit ihren Partnerinnen aufbauen und ihr gemeinsames Sexualleben bereichern.

Und ja, sexuell besonders aktive Männer haben aufgrund ihrer Konditionierung und dieser Unterschiede das Bedürfnis, ein- oder mehrmals am Tag einen Orgasmus zu erleben. Da die meisten Männer den Orgasmus im Liebesspiel mit einer Partnerin intensiver wahrnehmen als bei der Selbstbefriedigung, legen sie großen Wert darauf, sexuelle Erfüllung mit oder durch ihre Partnerin zu erleben. Erfahrene Männer und Gentlemen setzen in der Praxis auf ein gutes Wechselspiel zwischen erfüllter Sexualität durch Sex mit der Partnerin und Sex mit sich selbst durch Masturbation.

Männer brauchen nicht unbedingt mehr Befriedigung als Frauen, was die Intensität betrifft. Sie sollten jedoch in einer erfüllten Beziehung mit Kind mit ihrer Partnerin darüber sprechen, dass die Intensität von Orgasmen bei Frauen ein anderes Niveau erreicht, so dass Frauen nicht unbedingt regelmäßige Stimulation brauchen, sie selbst als Mann aber vielleicht schon. Da Frauen in einer Paarbeziehung mit Kind sehr gut auf Sexualität verzichten können, kann dies für den Mann sehr frustrierend sein. Um diesen Druck etwas abzubauen, kann Selbstbefriedigung (Masturbation) ein probates Mittel sein, um die Zeit zu überbrücken, bis die Partnerin und Mutter wieder Raum und Zeit für gemeinsame Sexualität hat.

Masturbation für die Befriedigung zwischendurch

Masturbation ist für gut aufgeklärte Männer und Gentlemen ein gesunder und effektiver Weg, sich sexuell zu befriedigen, wenn die Partnerin nicht zur Verfügung steht oder gerade keine Lust auf sexuelle Aktivitäten hat. Masturbation ermöglicht es Ihnen als Mann und Gentleman, Ihren Körper besser kennenzulernen und herauszufinden, welche Art von Stimulation Ihnen am meisten Freude bereitet. Diese Erkenntnisse können Ihnen dabei helfen, ein erfüllenderes Sexualleben mit Ihrer Partnerin zu führen.

Masturbation kann eine effektive Methode sein, um Stress abzubauen und Entspannung zu fördern. Es ist eine natürliche Art, Endorphine freizusetzen, die dazu beitragen können, Ihren Geisteszustand zu verbessern und Ihnen ein Gefühl von Wohlbefinden zu vermitteln. Regelmäßige Masturbation kann dazu beitragen, Ihre sexuelle Leistungsfähigkeit zu verbessern und mögliche Probleme wie erektile Dysfunktion oder vorzeitige Ejakulation zu reduzieren.

Wenn Ihre Partnerin keine Lust auf sexuelle Aktivitäten hat, ist es wichtig, ihre Entscheidung zu respektieren und ihre Grenzen zu akzeptieren. Masturbation ermöglicht Ihnen, Ihre sexuellen Bedürfnisse auf eine Weise zu befriedigen, die die Wünsche Ihrer Partnerin respektiert. Üben Sie nie sexuellen Druck auf ihre Partnerin aus und entziehen Sie ihr nie die körperliche Nähe, wenn ihr gerade nicht nach Sex mit Ihnen ist. Maturbieren Sie lieber, wenn sie es gerade nicht aushalten.

Als sexuell aktiver Mann und Gentleman, der Masturbation als eine Form der sexuellen Befriedigung einsetzt, sollten Sie die folgenden Aspekte beachten:

Privatsphäre: Achten Sie darauf, Ihre Masturbation in einer privaten Umgebung durchzuführen, in der Sie sich wohlfühlen und nicht von Ihrer Partnerin, anderen Personen oder ihre Kinder gestört werden. Halten Sie Material zur Stimulation unter Verschluss.

Offene Kommunikation: Sprechen Sie offen mit Ihrer Partnerin über Ihre Bedürfnisse und Masturbationsgewohnheiten, um Missverständnisse zu vermeiden und sicherzustellen, dass sie sich in der Beziehung respektiert und geschätzt fühlt. Erwähnen Sie, dass Sie lieber in sexueller Aktivität mit Ihrer Partnerin sind und dass Masturbation ein Mittel ist, ihre sexuelle Spannung abzubauen. Erwähnen Sie zum Beispiel, dass sie bei ihrer Befriedigung gerne an ihre Partnerin denken, auch wenn Sie vielleicht zur visuellen Stimulation alternativ pornografisches Material für ihre Stimulation bevorzugen. Schauen Sie sich das Material vielleicht auch gemeinsam mit ihrer Partnerin an und sprechen Sie darüber, was ihnen beiden als Paar am besten gefällt und guttut.

Balance finden: Masturbation sollte nicht dazu führen, dass Sie weniger Interesse an intimen Momenten mit Ihrer Partnerin haben. Finden Sie eine Balance zwischen Selbstbefriedigung und gemeinsamen sexuellen Aktivitäten, um eine erfüllende Beziehung aufrechtzuerhalten.

Achten Sie darauf, dass Sie Masturbation in Maßen praktizieren und keine Schmerzen oder Verletzungen verursachen. Übermäßige Masturbation kann zu körperlichen Problemen oder einem reduzierten sexuellen Verlangen führen.

Indem Sie Masturbation als eine Form der sexuellen Befriedigung einsetzen und gleichzeitig die Bedürfnisse Ihrer Partnerin respektieren, können Sie eine gesunde und ausgeglichene Beziehung fördern. Offene Kommunikation und gegenseitiger Respekt sind entscheidend, um sicherzustellen, dass beide Partner sich in der Beziehung wohl und wertgeschätzt fühlen.

In manchen Paarbeziehungen kommt es auch vor, dass die Frau und Mutter sich nach Nähe und Sexualität sehnt, der Mann aber die Lust darauf verloren hat, weil ein Kind da ist. Manche Männer kommen nicht damit klar, dass sich die Frau nach Schwangerschaft und Geburt körperlich verändert hat. Als Vater und Mann ist es wichtig, frühzeitig mit der Frau darüber zu sprechen. Für Frauen, die sich als Mutter mit Kind nach sexuellen Erlebnissen sehnen, die der Partner momentan nicht bieten kann, gehört die Masturbation zu den Möglichkeiten, sich Befriedigung und Entlastung zu verschaffen, bis der Partner wieder bereit ist. Ohne offene Kommunikation und positive Veränderung kann es sein, dass Sie dieses Thema nicht mehr in den Griff bekommen.

In einigen Kulturkreisen und Religionen wird Masturbation als unangemessen, unmoralisch oder sogar als verboten angesehen. Wenn Sie als Mann oder Frau aus einem solchen Kultur-kreis kommen und anderer Überzeugung sind, bleibt Ihnen diese Art der Befriedigung vielleicht versagt.

Islam: In der islamischen Lehre wird Masturbation oft als un-erwünscht oder haram (verboten) betrachtet. Die Meinungen darüber können jedoch variieren, und einige Gelehrte argu-mentieren, dass Masturbation in bestimmten Situationen er-laubt sein kann, beispielsweise wenn sie dazu dient, größere Sünden wie außerehelichen Geschlechtsverkehr zu vermei-den.

Christentum: Die christliche Sicht auf Masturbation variiert je nach Konfession und theologischer Interpretation. Einige christliche Gruppen lehnen Masturbation ab und betrachten sie als sündhaft, basierend auf Bibelstellen, die die Ver-schwendung von Samen oder die Lust des Herzens verurtei-len. Andere christliche Gruppen haben eine liberalere Haltung und betrachten Masturbation als natürlichen Teil der mensch-lichen Sexualität.

Hinduismus: Im Hinduismus gibt es keine einheitliche Posi-tion zur Masturbation, aber einige Strömungen lehnen sie ab, insbesondere im Kontext der spirituellen Praxis und der As-kese. Im Rahmen der tantrischen Traditionen kann Sexualität, einschließlich Masturbation, jedoch als spirituelle Praxis an-gesehen werden.

Buddhismus: Im Buddhismus ist die Haltung zur Masturbation von der jeweiligen Tradition und den ethischen Grundsätzen abhängig. In den meisten buddhistischen Traditionen wird Masturbation von Mönchen und Nonnen, die Zölibat gelobt haben, abgelehnt. Für Laien kann die Bewertung von Masturbation unterschiedlich sein, wobei einige buddhistische Lehrer sie als eine natürliche, wenngleich weltliche Aktivität betrachten.

Innerhalb von Kulturkreisen und Religionen gibt es daher unterschiedliche Ansichten und Interpretationen zur Masturbation. Die Einstellung einer Person zur Masturbation kann auch durch individuelle Überzeugungen, persönliche Erfahrungen und soziale Normen beeinflusst werden. Respekt und Toleranz gegenüber unterschiedlichen kulturellen und religiösen Ansichten sind ebenfalls entscheidend für ein harmonisches Zusammenleben. Als Mann und Gentleman aus einem anderen Kulturkreis müssen Sie für sich selbst entscheiden, wie Sie mit dem Thema umgehen - insbesondere dann, wenn Ihre Frau oder Partnerin vielleicht aus einem Kulturkreis kommt, in dem Masturbation als natürlicher Bestandteil einer erfüllten Sexualität angesehen wird. Eine liberale Haltung öffnet vielleicht Türen, die Ihnen vorher verschlossen waren?

Männer sprechen oft nicht über Sexualität

In vielen Kulturen und Gesellschaften wird von Männern erwartet, dass sie stark, unabhängig und emotional zurückhaltend sind. Diese Erwartungen können dazu führen, dass Männer das Gefühl haben, dass sie ihre Sexualität und ihre Gefühle nicht offen besprechen sollten. Manche Männer befürchten, dass sie von ihren männlichen Freunden oder Bekannten abgelehnt oder beurteilt werden, wenn sie über ihre Sexualität sprechen. Diese Angst kann dazu führen, dass sie sich zurückhalten und ihre Gedanken und Gefühle für sich behalten. Einige Männer fühlen sich unsicher oder schämen sich, wenn es um ihre Sexualität geht. Sie befürchten möglicherweise, dass sie nicht "normal" sind oder dass ihre sexuellen Vorlieben und Erfahrungen von anderen Männern negativ bewertet werden könnten.

In vielen Fällen fehlen Männern Vorbilder oder positive Beispiele dafür, wie sie offen und ehrlich über ihre Sexualität sprechen können. Ohne solche Vorbilder kann es schwierig sein, die Kommunikationsbarrieren zu überwinden und sich anderen gegenüber zu öffnen. Manche Männer haben einfach nicht gelernt, offen und effektiv über ihre Gefühle und Erfahrungen, einschließlich ihrer Sexualität, zu sprechen. In solchen Fällen kann es für sie schwierig sein, ein offenes Gespräch über dieses Thema zu führen.

Um diese Barrieren zu überwinden und Männer dazu zu ermutigen, offener über ihre Sexualität zu sprechen, ist es wichtig, ein unterstützendes und vertrauensvolles Umfeld zu schaffen. Freunde und Familie können dazu beitragen, indem sie ein offenes Ohr bieten und eine nicht wertende Haltung einnehmen. Bildung und Aufklärung über sexuelle Gesundheit und Vielfalt können ebenfalls dazu beitragen, Mythen und Missverständnisse abzubauen und Männer zu ermutigen, sich über ihre Sexualität auszutauschen.

Unabhängig von der Kultur sollten Männer und Gentlemen sich die Zeit nehmen, mit ihren Kindern - insbesondere mit ihren Söhnen – offen über das Thema Sexualität zu sprechen, um ein gesundes Verständnis für die menschliche Sexualität, Sex und Intimität auf altersgerechte Art zu vermitteln. Nur so können Kinder später als Erwachsene ein gesundes Verhältnis zu ihrem Körper und ihren Bedürfnissen entwickeln. Umgekehrt gilt dies auch für Frauen, die ihre Töchter entsprechend aufklären sollten.

Guter Sex ist keine Einbahnstraße

Wenn Sie als Mann und Gentleman das Thema Ihrer eigenen sexuellen Befriedigung und Orgasmushäufigkeit in einer Beziehung mit Kind ansprechen möchten, ist es wichtig, dies mit Sensibilität, Respekt und Offenheit zu tun. Dabei sollten Sie nicht nur Ihre eigene Sexualität im Blick haben, sondern immer auch die Wünsche und Vorlieben Ihrer Partnerin.

Wenn Ihre Partnerin sexuell ausgeglichen und zufrieden ist, können Sie als Mann besser auf ihre eigenen Bedürfnisse eingehen. Finden Sie einen geeigneten Zeitpunkt und einen entspannten, intimen Rahmen, um das Gespräch zu beginnen. Vermeiden Sie es, das Thema während oder unmittelbar nach einer sexuellen Begegnung anzusprechen, da dies einen falschen Eindruck erwecken könnte. Sprechen Sie nicht über Sexualität, wenn der Stress wegen der Kinder zu groß ist. Wählen Sie einen entspannten Zeitpunkt.

Üben Sie niemals Druck aus und sprechen Sie über Möglichkeiten. Zeigen und demonstrieren Sie Ihrer Partnerin, was Sie konkret bevorzugen und sprechen Sie darüber, wie sie Ihnen ein angenehmes Gefühl geben kann und wo ihre erregbaren Körperstellen sind. Nehmen Sie die Hand Ihrer Partnerin und zeigen Sie ihr sanft, was Sie meinen. Lassen Sie ihrer Partnerin Raum, um die männliche Sexualität mit Ihnen zu entdecken und lassen Sie Platz für Neugier, Spiel und Humor. Achten Sie darauf, Ihre Partnerin nicht zu verletzen oder das Gefühl zu geben, sie sei in irgendeiner Weise unzureichend. Beginnen Sie das Gespräch, indem Sie Ihre Wertschätzung und Zuneigung zum Ausdruck bringen und betonen, wie sehr Sie die gemeinsamen intimen Momente genießen.

Sprechen Sie offen über Ihre Bedürfnisse: Erklären Sie Ihrer Partnerin, dass Sie ein höheres Bedürfnis nach sexueller Befriedigung und Orgasmen haben, und versichern Sie ihr, dass dies nicht bedeutet, dass sie als Partnerin ungenügend ist.

Teilen Sie Ihre Wünsche und Vorstellungen, wie Sie gemeinsam an einem erfüllenderen Sexualleben arbeiten können.

Hören Sie auf die Bedürfnisse Ihrer Partnerin: Zeigen Sie Empathie und Interesse an den sexuellen Bedürfnissen Ihrer Partnerin. Fragen Sie sie nach ihren Vorlieben, Wünschen und wie sie sich in Bezug auf Ihre Bedürfnisse fühlt. Dies kann dazu beitragen, ein besseres Verständnis für die sexuellen Bedürfnisse des anderen zu entwickeln.

Gemeinsam Lösungen finden: Arbeiten Sie gemeinsam an Lösungen, um das Gleichgewicht in der sexuellen Befriedigung herzustellen. Dies kann beispielsweise bedeuten, dass Sie gemeinsam neue Techniken oder Praktiken erforschen, um Ihre Orgasmusfrequenz zu erhöhen, ohne dabei die Bedürfnisse Ihrer Partnerin zu vernachlässigen.

Bleiben Sie offen für Feedback: Seien Sie offen für Feedback von Ihrer Partnerin und zeigen Sie die Bereitschaft, an Ihren sexuellen Begegnungen zu arbeiten und zu wachsen. Lassen Sie sie wissen, dass Sie ihren Input schätzen und dass Sie bereit sind, gemeinsam an einer erfüllenderen sexuellen Beziehung zu arbeiten.

Indem Sie auf diese Weise das Gespräch über Ihre sexuellen Bedürfnisse führen, können Sie ein Gleichgewicht in der sexuellen Befriedigung beider Partner schaffen und eine tiefere emotionale Verbindung aufbauen. Offene Kommunikation und gegenseitiger Respekt sind entscheidend für ein erfüllendes Sexualleben und eine starke Partnerschaft in einer Familie mit Kindern.

Die zuvor beschriebenen Unterschiede treffen nicht auf alle Männer und Frauen zu. Jeder Mensch ist einzigartig und die sexuellen Bedürfnisse und Wünsche unterscheiden sich stark von Person zu Person. Es ist wichtig, offen und respektvoll über sexuelle Bedürfnisse zu kommunizieren und sich bewusst zu sein, dass Männer und Frauen unterschiedliche Vorstellungen von erfüllender Sexualität haben können.

Um eine befriedigende Sexualität als Paar zu erreichen, braucht es Offenheit und Kommunikation, um die Wünsche, Bedürfnisse und Träume des anderen zu erkunden. Es ist die Kunst des Zuhörens, des gemeinsamen Lachens und der liebevollen Berührung, die Vertrauen schafft und Nähe ermöglicht. In diesem sicheren Raum können beide Partner ihre Gefühle teilen und sich gegenseitig entdecken, während sie sich gemeinsam auf eine sinnliche Reise voller Zärtlichkeit, Romantik und Ekstase begeben.

Erschaffen Sie gemeinsam mit Ihrer Partnerin und Traumfrau diese wunderbare Welt der erfüllten Sexualität in einer Beziehung mit Kind und lassen Sie sich von der Magie der Liebe und Leidenschaft verzaubern, wie vielleicht in der folgenden Geschichte.

Sophie und Alexander: Sophie und Alexander waren seit einigen Jahren ein Paar und teilten eine tiefe und liebevolle Verbindung. Beide waren gebildet und schätzten die Schönheit der Kunst, Literatur und Kultur. Sie hatten viele gemeinsame Interessen, die ihre Beziehung bereicherten. Als Eltern von zwei Kindern im Teenageralter hatten Sie wieder mehr Zeit für sich. Es war für sie kein Problem mehr, die Kinder für ein Wochenende allein zu lassen. Eines Tages beschlossen sie, einen Wochenendausflug zu einem historischen Schloss zu unternehmen, um inmitten der Pracht vergangener Zeiten ihre Liebe und Leidenschaft füreinander zu zelebrieren. Das Schloss, in dem sie nächtigten, war atemberaubend, mit seinen prächtigen Räumen, antiken Möbeln und weitläufigen Gärten. Das Paar verbrachte den Tag damit, die wunderschönen Räumlichkeiten und die malerische Umgebung zu erkunden. Sie schlenderten Hand in Hand durch die Gärten, verloren in Gesprächen über Kunst, Geschichte und die tiefen Gefühle, die sie füreinander empfanden. Als die Sonne unterging, führte Alexander Sophie in ihre Suite, die mit Rosenblüten geschmückt war und in deren Mitte ein großes Himmelbett stand. Der Raum war von Kerzen erhellt, die ein warmes, einladendes Licht verbreiteten. Alexander nahm Sophie in den Arm und sie tanzten langsam zu den Klängen einer klassischen Melodie, die im Hintergrund spielte. Nachdem sie getanzt hatten, half Alexander Sophie behutsam, ihr Kleid abzulegen, während sie zärtliche Küsse austauschten. Sophie erwiderte die Geste und half Alexander, sich ebenfalls zu entkleiden. Sie standen da, nackt und verletzlich, und spürten, wie ihre Seelen sich in diesem intimen Moment verbanden. Sophie und Alexander legten sich auf das Himmelbett, das von weichen Seidenlaken umhüllt war. Sie küssten sich sanft, während ihre Hände über die Körper des jeweils anderen strichen und die Konturen und Kurven erforschten. In diesem Moment stand Gleichberechtigung und gegenseitiger Respekt im Vordergrund, und sie fühlten sich sicher und geborgen in den Armen des anderen. Alexander streichelte Sophie zärtlich, während sie ihm liebevoll in die Augen sah. Er ließ seine Hände über ihre Brüste, ihren Bauch und ihre Schenkel gleiten, immer darauf bedacht, sie behutsam und respektvoll zu berühren. Sophie erwiderte die Liebkosungen, und bald entflammte ihre Leidenschaft in einem Rausch der Sinne. Das Paar gab sich einander hin, wobei sie einander immer wieder versicherten, dass sie sich wohl und sicher fühlten. Sie verschmolzen miteinander in einem sinnlichen Tanz der Liebe und erkundeten gemeinsam die Höhen und Tiefen ihrer Lust. Sie spürten, wie sie sich einander immer näherkamen, bis sie schließlich gemeinsam den Höhepunkt ihrer Ekstase erreichten. Als sie erschöpft in den Armen des anderen lagen, spürten Sophie und Alexander eine tiefe Befriedigung und ein Gefühl von Glückseligkeit, das sie noch nie zuvor erlebt hatten. Sie hatten in dieser Nacht sowohl körperliches als auch emotionales Wohlbefinden erfahren und waren sich ihrer gegenseitigen Liebe und Hingabe noch sicherer. In den historischen Gemäuern des Schlosses hatten sie einen der schönsten Momente ihrer Beziehung geteilt, eine Nacht, die sie nie vergessen würden. In den Tagen und Wochen, die folgten, blickten Sophie und Alexander immer wieder auf dieses besondere Wochenende zurück und spürten, wie es ihre Liebe und Verbundenheit weiter vertiefte. Sie erkannten, wie wichtig es war, auf die Bedürfnisse des anderen einzugehen und füreinander da zu sein, sowohl emotional als auch körperlich. Sie verstanden, dass eine erfüllende Beziehung auf einer starken Grundlage von Liebe, Vertrauen, Gleichberechtigung und Sicherheit aufgebaut sein musste. Sophie und Alexander nahmen die Erfahrungen und Lehren aus diesem Wochenende mit in ihr gemeinsames Leben und bemühten sich stets, einander mit Respekt und Zärtlichkeit zu begegnen. Sie fanden immer wieder neue Wege, um ihre Liebe und Leidenschaft füreinander auszudrücken und einander zu zeigen, wie tief ihre Gefühle füreinander waren.

Die Geschichte von Sophie und Alexander zeigt, wie ein Paar eine erfüllende, gleichberechtigte und sichere Beziehung aufbauen kann, die auf Respekt und gegenseitiger Fürsorge basiert. Durch das Teilen von besonderen Momenten der Liebe und Intimität, wie in dieser romantischen und erotischen Nacht im Schloss, können sie ihre Verbindung stärken und ein glückliches, zufriedenes Leben miteinander führen.

Eine erfüllte und ausgeglichene Sexualität in einer Paarbeziehung mit Kindern ist entscheidend für das Wohlbefinden und die Bindung zwischen den Partnern. Eine erfüllte Sexualität basiert auf offener Kommunikation, Akzeptanz, Respekt, Experimentierfreudigkeit, emotionaler Unterstützung und dem Pflegen von Intimität. Die Eckpunkte für eine befriedigende

Sexualität umfassen körperliches und emotionales Wohlbefinden, Gleichberechtigung und Konsens, Sicherheit und Vertrauen, Qualität statt Quantität, Flexibilität und Anpassungsfähigkeit, Intimität jenseits des Sexuellen, Selbstakzeptanz
und Selbstbewusstsein sowie Bildung und Aufklärung. Indem
sie diese Aspekte berücksichtigen und aktiv an ihrer Beziehung arbeiten, können Paare eine erfüllte und ausgeglichene
Sexualität erreichen, die das Fundament für eine glückliche
und langanhaltende Beziehung bildet.

Sex und Intimität aufrechterhalten als Paar mit Kind

Sex und Intimität sind wesentliche Bestandteile einer gesunden und erfüllenden Beziehung. Sie helfen, die emotionale
Verbindung zwischen Partnern zu stärken und tragen zum allgemeinen Wohlbefinden bei. Wenn Paare Eltern werden, kann
es jedoch schwierig sein, diese Aspekte ihrer Beziehung aufrechtzuerhalten, während sie sich auf die Bedürfnisse ihrer
Kinder konzentrieren. Wie können Sie als Paar die Flamme der
Leidenschaft am Leben erhalten, während sie ihre Rolle als Eltern erfüllen? Wie können Kinder in angemessener Weise mit
der Sexualität ihrer Eltern in Berührung kommen? Worauf sollten Sie als Paar achten, um ihre Sexualität weiter ausleben zu
können?

Um als Paar Ihre Sexualität trotz Kinder auszuleben, ist es
wichtig, bewusst Zeit für Intimität und Sex einzuplanen. Dies

können Sie durch regelmäßige Date Nights oder kurze Ausflüge ohne Kinder erreichen, um die Verbindung zueinander zu stärken. Eine offene Kommunikation über sexuelle Bedürfnisse und Wünsche fördert ein gegenseitiges Verständnis und hilft, auf die Bedürfnisse des Partners einzugehen. Seien Sie flexibel und kreativ bei der Gestaltung Ihrer intimen Momente, um trotz des turbulenten Alltags mit Kindern Zärtlichkeit und Leidenschaft auszudrücken.

Um die Intimsphäre als Paar gegenüber Kindern zu wahren, ist es entscheidend, sowohl physische als auch emotionale Grenzen zu setzen. In erster Linie sollten Sie darauf achten, dass Ihre sexuellen Begegnungen nicht von Ihren Kindern beobachtet oder gehört werden. Dies kann durch das Schließen von Türen, das Verwenden von Türschlössern oder das Wählen von Orten und Zeiten erreicht werden, bei denen die Wahrscheinlichkeit, gestört zu werden, geringer ist, wie zum Beispiel, wenn die Kinder schlafen oder nicht zu Hause sind.

Ebenso wichtig ist es, eine Atmosphäre des Respekts und der Offenheit in Ihrer Familie zu schaffen. Sprechen Sie altersgerecht mit Ihren Kindern über Liebe, Beziehungen und körperliche Intimität, um ein gesundes Verständnis für Sexualität zu fördern. Dadurch lernen Ihre Kinder, Ihre Privatsphäre und die Ihres Partners zu respektieren, und verstehen, dass bestimmte Momente und Räume nur für Sie als Paar bestimmt sind. Darüber hinaus kann es hilfreich sein, feste Routinen und Regeln in Ihrem Haushalt zu etablieren, die sowohl Ihre Kinder als auch Sie selbst beachten, um die Intimsphäre zu wahren. Beispielsweise könnten Sie eine Regel einführen, dass an die Schlafzimmertür geklopft werden muss, bevor jemand eintreten darf, oder dass bestimmte Räume im Haus als "Elternzonen" gelten, in denen Kinder nur auf Einladung eintreten dürfen.

Indem Sie diese praktischen Möglichkeiten nutzen und eine Atmosphäre des Respekts und der Offenheit in Ihrer Familie fördern, können Sie als Paar Ihre Intimsphäre gegenüber Ihren Kindern wahren und weiterhin eine erfüllende sexuelle Beziehung pflegen. Fassen wir kurz zusammen:

Planen Sie Paarzeit ein: Es ist wichtig, dass Paare mit Kindern regelmäßig Zeit für sich selbst und ihre Beziehung einplanen. Dies kann durch gemeinsame Aktivitäten, Date Nights oder sogar kurze Fluchten ohne die Kinder geschehen. Indem sie bewusst Zeit füreinander schaffen, können Paare ihre Verbindung stärken und sich auf ihre sexuellen Bedürfnisse konzentrieren.

Sprechen Sie miteinander: Paare mit Kindern sollten offen über ihre Bedürfnisse, Wünsche und Ängste in Bezug auf Sex und Intimität sprechen. Eine ehrliche Kommunikation kann dazu beitragen, Missverständnisse zu vermeiden und sicherzustellen, dass beide Partner auf derselben Seite sind.

Zeigen Sie Flexibilität und Kreativität: Eltern müssen oft flexibel und kreativ sein, um Möglichkeiten für Sex und Intimität zu finden. Dies kann bedeuten, die gewohnten Zeiten und Orte für sexuelle Begegnungen zu ändern oder neue Wege zu finden, um Zärtlichkeit und Leidenschaft auszudrücken.

Schützen Sie die Privatsphäre: Es ist wichtig, dass Eltern ihre Privatsphäre wahren und sicherstellen, dass ihre sexuellen Begegnungen nicht von ihren Kindern beobachtet werden. Dazu gehört, die Tür zum Schlafzimmer geschlossen zu halten und möglicherweise sogar ein Türschloss zu verwenden.

Altersgerechte sexuelle Aufklärung

Die altersgerechte Aufklärung von Kindern über Sexualität ist ein wichtiger Aspekt der Erziehung, der es Kindern ermöglicht, ein gesundes Verständnis für ihren Körper und ihre Gefühle zu entwickeln. Hier sind praktische Tipps, wie Eltern dies angehen können und was zu beachten ist:

Beginnen Sie früh: Schon in jungen Jahren können Kinder Fragen zu ihrem Körper stellen. Nutzen Sie diese Gelegenheit, um einfache und altersgerechte Antworten zu geben. Ab wann Sexualität offen thematisiert werden kann, hängt vom Entwicklungsstand und der Neugier des Kindes ab. Im Allgemeinen können grundlegende Informationen über den Körper und Geschlechterunterschiede ab dem Vorschulalter eingeführt werden.

Verwenden Sie kindgerechte Sprache: Passen Sie Ihre Wortwahl und Erklärungen dem Alter und Verständnis Ihres

Kindes an. Vermeiden Sie komplexe Fachbegriffe und verwenden Sie stattdessen einfache, leicht verständliche Worte.

Beantworten Sie Fragen ehrlich: Kinder sind von Natur aus neugierig. Wenn sie Fragen stellen, beantworten Sie diese ehrlich und ohne Scham. Wenn Sie sich unsicher sind, wie Sie auf eine Frage antworten sollen, suchen Sie nach altersgerechten Ressourcen, die Ihnen helfen können, die richtigen Worte zu finden.

Führen Sie fortlaufende Gespräche: Die sexuelle Aufklärung sollte kein einmaliges Ereignis sein, sondern vielmehr ein fortlaufender Dialog, der sich an die Entwicklungsstufen und das Interesse des Kindes anpasst. Achten Sie darauf, das Thema regelmäßig aufzugreifen, um das Verständnis Ihres Kindes zu vertiefen.

Vermitteln Sie Werte und Grenzen: Neben der Vermittlung von Fakten über Sexualität ist es wichtig, Werte und Grenzen im Zusammenhang mit Intimität und Beziehungen zu besprechen. Sprechen Sie mit Ihrem Kind über Themen wie Einverständnis, Respekt und Privatsphäre.

Nutzen Sie lehrreiche Materialien: Bücher, Videos und Websites, die speziell für Kinder konzipiert sind, können Ihnen helfen, schwierige Themen auf verständliche Weise zu erklären. Stellen Sie sicher, dass die Materialien altersgerecht und vertrauenswürdig sind. Die Bundeszentrale für gesundheitliche Aufklärung (BZgA) hat zum Beispiel sehr gute kindgerechte Materialien dazu.

Schaffen Sie eine offene Atmosphäre: Ermutigen Sie Ihr Kind, Fragen zu stellen und seine Gedanken und Gefühle auszudrücken, indem Sie eine offene und unterstützende Atmosphäre schaffen. Machen Sie deutlich, dass es keine "dummen" Fragen gibt und dass es in Ordnung ist, über diese Themen zu sprechen.

Im Rahmen dieser Richtlinien können Sie Ihr Kind altersgerecht über Sexualität aufklären und ein gesundes Verständnis für seinen Körper, Beziehungen und Intimität fördern. Die Aufrechterhaltung einer gesunden sexuellen Beziehung ist sowohl für Eltern als auch für Paare ohne Kinder wichtig. Indem sie offen kommunizieren, Zeit füreinander einplanen und kreativ mit den Herausforderungen der Elternschaft umgehen, können Paare ihre Verbindung zueinander stärken und ein erfüllendes Sexualleben genießen. Es ist notwendig, die Privatsphäre der Eltern zu wahren und Kinder in einer angemessenen Weise mit dem Thema Sexualität vertraut zu machen. Durch die Schaffung einer Umgebung, in der sowohl Kinder als auch Erwachsene sich sicher und unterstützt fühlen, können Familien ein harmonisches Zusammenleben erreichen und Paare ihre Beziehung weiterhin auf liebevolle und intime Weise pflegen.

Kommunikation, Kreativität und Sexualität

Kreativität ist ein wichtiger Aspekt für Paare mit Kindern, um ihre Sexualität trotz der Herausforderungen des Familienlebens aktiv auszuleben. Die Verantwortung und Zeit, die Kinder erfordern, kann es schwierig machen, Intimität und Zeit füreinander zu finden. Daher ist es wichtig, kreativ zu sein und neue Wege zu finden, um Zärtlichkeit und Leidenschaft auszudrücken. Eine Möglichkeit, dies zu tun, ist die Nutzung von Zeitfenstern, in denen die Kinder schlafen, bei Freunden sind oder in der Schule sind. Diese Zeiten können genutzt werden, um ungestört körperliche Nähe zu genießen und sich näherzukommen.

Zusätzlich können Paare spontane Momente nutzen, um sich miteinander zu verbinden und ihre Sexualität auszuleben. Dabei sollten sie auch Dates planen, um sich bewusst Zeit füreinander zu nehmen und ihre Beziehung zu pflegen. Um die Sexualität kreativ auszuleben, können Paare gemeinsam erotische Literatur lesen, Rollenspiele ausprobieren oder neue sexuelle Techniken erlernen.

Als Paar kreativ und flexibel zu sein, ist notwendig, um die Sexualität auch mit Kindern im Haushalt auszuleben. Mit etwas Planung, Offenheit und Spontaneität können Paare die Intimität und Leidenschaft innerhalb ihrer Beziehung aufrechterhalten.

Folgende Punkte können Ihnen zusammenfassend dabei helfen, ihre Sexualität kreativ auszuleben:

- Nutzung von Zeitfenstern, wenn die Kinder schlafen oder nicht zu Hause sind
- Spontanität und Gelegenheiten nutzen, um sich miteinander zu verbinden
- Planung von Date Nights, um sich bewusst Zeit füreinander zu nehmen
- Lesen von erotischer Literatur, Rollenspiele und Erkundung neuer sexueller Techniken
- Offene Kommunikation über sexuelle Bedürfnisse und Fantasien

Sex ist ein wichtiger Bestandteil einer erfüllten Beziehung und trägt maßgeblich zum Wohlbefinden beider Partner bei. Wenn einer oder beide Partner jedoch unzufrieden oder unglücklich mit ihrem Sexualleben sind, kann dies langfristige Auswirkungen auf ihre Beziehung haben. Insbesondere für Paare mit Kindern kann das Fehlen von körperlicher Intimität und sexueller Befriedigung zu einem erhöhten Stressniveau, Frustration und Konflikten führen.

In vielen Fällen können die Verantwortlichkeiten, die mit der Kindererziehung und dem Familienleben einhergehen, dazu führen, dass Paare weniger Zeit und Energie für ihre Beziehung und ihre Sexualität haben. Wenn diese Bedürfnisse jedoch vernachlässigt werden, können sie im Laufe der Zeit zu Frustration und Unzufriedenheit führen.

Darüber hinaus können die körperlichen Veränderungen nach einer Schwangerschaft und der Geburt eines Kindes die sexuelle Intimität beeinträchtigen und dazu führen, dass Paare Schwierigkeiten haben, ihre Bedürfnisse aufeinander abzustimmen.

Wenn Paare ihre sexuellen Bedürfnisse und Wünsche nicht miteinander teilen und ausleben können, kann dies langfristig zu emotionaler Entfremdung und zum Scheitern der Beziehung führen. In einigen Fällen kann die Unzufriedenheit mit dem Sexualleben sogar zu Affären oder Untreue beitragen.

Neben mangelnder Kommunikation und stressbedingtem Zeitmangel ist der Mangel an körperlicher Intimität und sexueller Befriedigung heute einer der häufigsten Trennungsgründe für Paare in Deutschland. Für Paare mit Kindern ist es daher wichtig, Zeit und Energie in ihre Beziehung und ihr Sexualleben zu investieren, um eine erfüllte und glückliche Beziehung führen zu können. Offene Kommunikation, Kreativität und Flexibilität können helfen, sexuelle Bedürfnisse und Wünsche auszubalancieren und eine glückliche Beziehung langfristig zu erhalten.

Für Männer aus anderen Kulturkreisen kann das anders aussehen und anders gelebt werden. Das bleibt jedem Gentleman selbst überlassen.

Kapitel 5

Auswirkungen von Stress auf eine Beziehung mit Kindern

Stress in einer Paarbeziehung mit Kindern
– Auswirkungen, Strategien und Unterstützung

In der heutigen schnelllebigen und anspruchsvollen Welt ist Stress ein unvermeidlicher Teil unseres Lebens. Er kann in vielen Formen auftreten und jeden Aspekt unseres Lebens beeinflussen, von der Arbeit bis zum Privatleben. Eine Beziehung, die in vielen Fällen die Grundlage für unser emotionales Wohlbefinden bildet, bleibt davon nicht verschont. Wenn Stress in einer Beziehung mit Kindern auftritt, können die Folgen noch gravierender sein, da er nicht nur das Paar, sondern auch die Kinder betrifft.

Stress kann zu Spannungen, Missverständnissen und Kommunikationsproblemen führen, die sich letztlich negativ auf die Partnerschaft auswirken können. Eine erhöhte Stressbelastung kann auch dazu führen, dass sich ein Paar emotional voneinander distanziert, was wiederum die Grundlage für eine gesunde Beziehung untergräbt. Stress kann sich auch auf die Elternrolle auswirken, indem er die Qualität der Fürsorge für die Kinder beeinträchtigt. Kinder sind sehr empfänglich für die Stimmungen und Verhaltensweisen ihrer Eltern und können den Stress ihrer Eltern sehr genau wahrnehmen.

Es gibt verschiedene Ansätze und Techniken, die Paaren helfen können, stressige Situationen gemeinsam zu bewältigen und ihre Beziehung zu stärken. Dazu gehören beispielsweise Techniken zur Stressreduktion wie Achtsamkeit, Meditation und Bewegung sowie Kommunikationsstrategien, die helfen, Missverständnisse zu vermeiden und ein besseres gegenseitiges Verständnis zu fördern. Von großer Bedeutung für den Stressabbau sind gemeinsame Zeit als Paar und die Pflege von Hobbys und anderen Interessen. Entscheidend ist, dass sich beide Partner ihrer Rolle in der Beziehung bewusst sind und aktiv daran arbeiten, sich gegenseitig zu unterstützen und zu fördern. Dies umfasst verschiedene Aspekte der gegenseitigen Unterstützung, wie zum Beispiel das Teilen von Verantwortung, das Schaffen eines unterstützenden Umfelds und emotionale Zuwendung. Externe Hilfe wie Familientherapie oder Beratung kann ebenfalls dazu beitragen, Stress zu bewältigen und die Beziehung zu stärken.

Dieses Kapitel soll zu einem besseren Verständnis der Auswirkungen von Stress auf die Eltern-Kind-Beziehung beitragen und gleichzeitig praktische Lösungen und Strategien aufzeigen, die Ihnen helfen können, ein harmonisches Familienleben mit Kind(ern) zu führen.

Was ist Stress und wie geht man damit um?

Stress ist ein natürlicher, biologischer Prozess, der auftritt, wenn unser Körper auf eine wahrgenommene Bedrohung oder Belastung reagiert. Stress kann sowohl durch äußere Faktoren (z. B. berufliche oder finanzielle Belastungen) als auch durch innere Faktoren (z. B. Sorgen, Ängste, Erwartungen) ausgelöst werden. Stressreaktionen können kurzfristig vorteilhaft sein, da sie uns helfen, uns auf Herausforderungen einzustellen und angemessen zu reagieren. Langfristig kann chronischer Stress jedoch eine Vielzahl negativer Auswirkungen auf unsere körperliche und psychische Gesundheit haben.

Stress wirkt sich auf die Partnerschaft aus, indem er die emotionale Nähe und das gegenseitige Verständnis beeinträchtigt. Stress kann Kommunikationsprobleme verursachen, die zu Missverständnissen, Streit und Unzufriedenheit führen. Darüber hinaus kann Stress zu Erschöpfung, Reizbarkeit und Angstzuständen führen, die die Fähigkeit eines Paares beeinträchtigen, liebevoll und unterstützend miteinander umzugehen.

Aus psychologischer Sicht wirkt sich Stress auf unser Denken, Fühlen und Verhalten aus. Er kann dazu führen, dass wir uns überfordert und ängstlich fühlen, was wiederum unsere Fähigkeit beeinträchtigt, Probleme zu bewältigen und effektiv zu kommunizieren. Stress kann auch dazu führen, dass wir uns auf negative Gedanken und Sorgen konzentrieren, was unsere

Stimmung und damit unser Selbstwertgefühl beeinträchtigen kann.

Physiologisch gesehen führt Stress zu einer Aktivierung des sympathischen Nervensystems, das für die "Kampf-oder-Flucht-Reaktion" verantwortlich ist. Wenn wir gestresst sind, schüttet unser Körper Stresshormone wie Adrenalin und Cortisol aus, die unsere Herzfrequenz und unseren Blutdruck erhöhen, unsere Atmung beschleunigen und unsere Muskeln anspannen. Langfristige Stressreaktionen können zu einer Vielzahl von Gesundheitsproblemen führen, wie Schlafstörungen, Verdauungsproblemen, einem geschwächten Immunsystem und Herz-Kreislauf-Erkrankungen.

Stress ist einer der negativen Faktoren in einer Paarbeziehung mit Kindern, da er die Qualität der Beziehung zwischen den Eltern und damit das Wohlergehen der gesamten Familie beeinträchtigen kann. Belastete Eltern können Schwierigkeiten haben, ihren Kindern die Zeit, Aufmerksamkeit und emotionale Unterstützung zu geben, die sie brauchen. Darüber hinaus können Kinder den Stress ihrer Eltern spüren und selbst Ängste und Unsicherheiten entwickeln.

Stress ist einer der negativen Faktoren in einer Paarbeziehung mit Kindern, da er die Fähigkeit der Partner, effektiv zu kommunizieren und ihre Gefühle und Bedürfnisse auszudrücken, beeinträchtigen kann. Dies wiederum kann zu einer Abnahme der emotionalen Intimität und Zufriedenheit in der Beziehung führen. Darüber hinaus kann Stress zu einer ungleichen Verteilung von Verantwortung und Ressourcen in der Familie führen, was wiederum zu weiteren Konflikten und Spannungen beitragen kann.

Wenn ein Paar unter Stress steht, kann dies verschiedene Folgen haben, die sich sowohl auf die Beziehung als auch auf das individuelle Wohlbefinden auswirken. Einige der möglichen Auswirkungen von Stress auf eine Partnerschaft sind:

- Schwierigkeiten in der Kommunikation: Stress kann dazu führen, dass Paare weniger offen und einfühlsam miteinander kommunizieren. Dies kann zu Missverständnissen, Streit und schlechter Kommunikation führen, was die Qualität der Beziehung beeinträchtigt.
- emotionale Distanz: Stress kann dazu führen, dass sich die Partner emotional voneinander distanzieren, da sie mit ihren eigenen Stressfaktoren umgehen müssen. Diese Entfremdung kann das Gefühl der Verbundenheit und Intimität in der Beziehung verringern.
- Geringere Zufriedenheit: Paare, die unter Stress stehen, neigen dazu, mit ihrer Beziehung unzufriedener zu sein. Dies kann zu einer Abwärtsspirale führen, in der die Unzufriedenheit weiteren Stress verursacht, der wiederum die Beziehung weiter belastet.
- Physische und psychische Gesundheitsprobleme: Chronischer Stress kann zu physischen und psychischen Gesundheitsproblemen wie Schlafstörungen,

Depressionen, Angstzuständen und sogar Herz-Kreis-lauf-Erkrankungen führen. Diese Gesundheitsprobleme können die Fähigkeit eines Paares, effektiv miteinander zu interagieren und eine gesunde Beziehung zu führen, weiter beeinträchtigen.

- Vernachlässigung der Kinder: Paare, die unter Stress stehen, können Schwierigkeiten haben, ihren Kindern die Zeit, Aufmerksamkeit und Unterstützung zu geben, die sie brauchen. Dies kann sich negativ auf die emotionale und kognitive Entwicklung der Kinder auswirken und zu einem angespannten Familienklima führen.

- Sexuelle Probleme: Stress kann sich negativ auf das Sexualleben eines Paares auswirken, indem er die Lust, die Zufriedenheit und die Häufigkeit sexueller Aktivitäten verringert. Eine gestörte Sexualität kann wiederum die Beziehungszufriedenheit und das Zusammengehörigkeitsgefühl beeinträchtigen.

- Zunahme von Konflikten: Stress kann dazu führen, dass Paare häufiger und intensiver streiten. Diese Konflikte können sich auf eine Vielzahl von Themen beziehen, wie Finanzen, Erziehung, Arbeit und Haushaltsaufgaben. Wenn Paare nicht in der Lage sind, ihre Konflikte konstruktiv zu lösen, kann dies zu einer Verschlechterung der Beziehung führen.

Es ist wichtig, sich dieser Auswirkungen bewusst zu sein und aktiv Strategien zur Stressbewältigung zu entwickeln, um eine gesunde, harmonische und liebevolle Beziehung aufrechtzuerhalten. Wenn Sie merken, dass Sie oder Ihre Partnerin sehr unter Stress leiden, sprechen Sie darüber und versuchen Sie, sich gegenseitig zu unterstützen. Lassen Sie nicht zu viel Zeit verstreichen, das kann zu unüberwindbaren Schwierigkeiten führen. Störungen müssen sofort beseitigt werden

Strategien für die Stressbewältigung

Es gibt kein allgemeingültiges Rezept für alle Paare, um Stress in einer Beziehung mit Kindern zu reduzieren. Jede Beziehung und jede Familie ist einzigartig, und es ist wichtig, individuelle Lösungen zu finden. Es gibt jedoch praktische Ansätze zur Stressreduzierung, die Paaren helfen können, ihren Alltag ausgeglichener zu gestalten:

Kommunikation: Offene und ehrliche Kommunikation ist der Schlüssel, um Missverständnisse zu vermeiden und Probleme gemeinsam zu bewältigen. Sprechen Sie über Ihre Sorgen, Gedanken und Gefühle und hören Sie aktiv zu, was Ihr Partner zu sagen hat.

Beispiel: Julia und Tom fanden es schwierig, über ihre Gefühle und Sorgen zu sprechen, weil sie befürchteten, den anderen damit zu verletzen. Eines Tages beschlossen sie, einen "Wohlfühlabend" zu veranstalten, an dem sie in entspannter Atmosphäre bei Kerzenschein und leiser Musik über ihre Gedanken und Gefühle sprachen. Diese offene Kommunikation half ihnen, sich besser zu verstehen und gemeinsam Lösungen für ihre Probleme zu finden.

Zeitmanagement: Planen Sie Ihren Alltag so, dass Sie Zeit für Ihre Kinder, für Ihre Beziehung und für sich selbst haben. Eine gute Organisation kann Stress reduzieren und mehr Zeit für entspannende Aktivitäten schaffen.

Beispiel: Anna und Peter hatten das Gefühl, ständig von Termin zu Termin zu hetzen und keine Zeit mehr füreinander zu haben. Sie beschlossen, einen gemeinsamen Familienkalender zu erstellen, um ihre Zeit besser planen zu können. So konnten sie regelmäßig Zeit für gemeinsame Aktivitäten und entspannte Abende einplanen, was ihren Stresslevel senkte und damit ihre Beziehung stärkte.

Teilen Sie die Verantwortung: Hausarbeit, Kinderbetreuung und andere Aufgaben fair aufteilen, damit beide Partner ihren Beitrag leisten können und keiner überfordert ist.

Beispiel: Lisa und Daniel waren beide berufstätig und fühlten sich durch Hausarbeit und Kinderbetreuung überfordert. Sie erstellten eine Aufgabenliste und teilten die Verantwortung auf. So fühlte sich keiner benachteiligt und sie konnten durch gegenseitige Unterstützung Stress abbauen.

Selbstfürsorge: Achten Sie auf Ihre eigene körperliche und emotionale Gesundheit. Treiben Sie regelmäßig Sport, essen Sie gesund und gönnen Sie sich regelmäßig Pausen und Entspannungsmomente.

Beispiel: Sophie und Max sind verheiratet und haben zwei Kinder im Alter von 5 und 7 Jahren. Sie haben erkannt, wie wichtig Selbstfürsorge für ihre individuelle und gemeinsame Zufriedenheit und das Wohlbefinden ihrer Familie ist. An einem Samstagmorgen beschließen sie, einen Tag der Selbstfürsorge zu verbringen, um ihre Beziehung und ihr Familienleben zu stärken. Sie beginnen den Tag mit einem gemeinsamen Frühstück, bei dem sie sich Zeit nehmen, miteinander zu reden, zu lachen und Pläne für den Tag zu machen. Sie besprechen, wie sie als Paar und als Familie gemeinsam entspannen und Energie tanken können. Danach bringen sie die Kinder zu Oma und Opa, die sich bereit erklärt haben, für ein paar Stunden auf die Enkelkinder aufzupassen. In dieser Zeit nutzen Sophie und Max die Gelegenheit, gemeinsam einen entspannenden Spaziergang im Park zu machen. Sie genießen die frische Luft und die Natur und nutzen die Zeit, um offen über ihre Gedanken, Gefühle und Zukunftspläne zu sprechen. Nach dem Spaziergang kehren sie nach Hause zurück und bereiten gemeinsam ein gesundes und leckeres Mittagessen zu. Beim Kochen teilen sie sich die Aufgaben und arbeiten als Team zusammen. Das gemeinsame Kochen gibt ihnen die Möglichkeit, ihre Kommunikation und Zusammenarbeit in einer entspannten Umgebung zu stärken. Nach dem Essen ziehen sie sich für kurze Zeit in getrennte Räume zurück, um sich auf individuelle Selbstpflegeaktivitäten zu konzentrieren. Sophie entscheidet sich für eine entspannende Yogastunde, während Max ein inspirierendes Buch liest, das ihm hilft, seine Gedanken zu ordnen und neue Perspektiven zu gewinnen. Später am Nachmittag werden die Kinder von Oma und Opa abgeholt und verbringen den Rest des Tages gemeinsam als Familie. Sie spielen zusammen im Garten, machen ein Picknick und genießen die gemeinsame Zeit. Abends, wenn die Kinder im Bett sind, setzen sich Sophie und Max zusammen und besprechen, was sie an diesem Tag gelernt haben und wie sie die Selbstfürsorge in ihren Alltag integrieren können. Dieses Beispiel zeigt, wie Sie als Paar mit Kindern Selbstfürsorge praktizieren, um ihre Beziehung zu stärken und gleichzeitig auf ihre individuellen Bedürfnisse einzugehen.

Zeit für sich selbst: Reservieren Sie sich Zeit für Ihre eigenen Interessen und Hobbys. Das hilft, Stress abzubauen und fördert Zufriedenheit und Ausgeglichenheit.

Beispiel: Laura und Paul fühlten sich in ihrer Elternrolle gefangen und vermissten ihre persönlichen Interessen. Sie beschlossen, jeweils einen Abend in der Woche für sich zu reservieren. Laura nahm Malunterricht und Paul schloss sich einem Buchclub an. Diese Aktivitäten halfen ihnen, Stress abzubauen und brachten neue Themen und Gespräche in ihre Beziehung.

Paarzeit: Planen Sie regelmäßig Zeit als Paar ein, um Ihre Beziehung zu stärken und Intimität zu fördern. Verabreden Sie sich, verbringen Sie romantische Abende zusammen oder unternehmen Sie gemeinsame Aktivitäten.

Beispiel: Marie und Stefan hatten das Gefühl, dass ihre Beziehung durch den Stress des Alltags zu kurz kam. Sie begannen, jeden Monat einen "Date Day" zu planen, an dem sie etwas Besonderes zusammen unternehmen, wie zum Beispiel einen Kochkurs oder einen Tagesausflug. Diese gemeinsamen Erlebnisse stärkten ihre Bindung und halfen, Stress abzubauen.

Soziale Unterstützung: Pflegen Sie Freundschaften und soziale Kontakte. Treffen Sie sich regelmäßig mit Freunden und Familie, um sich auszutauschen und gegenseitig zu unterstützen.

Beispiel: Eva und Lukas fühlten sich mit ihren kleinen Kindern isoliert und überfordert. Sie beschlossen, sich einer Elterngruppe in ihrer Nachbarschaft anzuschließen. Durch den Austausch mit anderen Eltern erhielten sie wertvolle Tipps und Unterstützung, die ihnen halfen, Stress abzubauen und ihre Beziehung zu stärken.

Konfliktlösung: Lernen, Konflikte konstruktiv zu lösen, indem man einander zuhört, Kompromisse eingeht und Lösungen findet, die für beide Partner akzeptabel sind.

Beispiel: Sophie und Max hatten oft Meinungsverschiedenheiten darüber, wie sie ihre gemeinsamen Finanzen verwalten sollten. Anstatt ständig zu streiten, beschlossen sie, eine kreative Lösung für diesen Konflikt zu finden. Sie führten ein gemeinsames Budget ein und vereinbarten, wöchentliche "Finanzmeetings" abzuhalten, um ihre Ausgaben und Einnahmen zu besprechen. Dies ermöglichte ihnen, offen über ihre finanziellen Sorgen und Wünsche zu sprechen, Kompromisse zu finden und gemeinsam Entscheidungen zu treffen. Durch diese Methode konnten sie ihre Geldkonflikte deutlich reduzieren und sich auf andere positive Aspekte ihrer Beziehung konzentrieren.

Achtsamkeit und Entspannungstechniken: Üben Sie Achtsamkeit, Meditation oder Yoga, um Stress abzubauen und sich auf das Hier und Jetzt zu konzentrieren. Regelmäßige Entspannung kann dazu beitragen, die Stressresistenz zu erhöhen.

Beispiel: Anna und Daniel fühlten sich durch ihren stressigen Arbeitsalltag und die Betreuung ihrer beiden Kinder zunehmend erschöpft und gestresst. Um einen Weg zu finden, besser mit Stress umzugehen, beschlossen sie, gemeinsam einen Achtsamkeitskurs zu besuchen. Jeden Abend, nachdem sie die Kinder ins Bett gebracht hatten, übten sie zusammen Achtsamkeitsmeditation und Atemübungen. Diese gemeinsame Routine half ihnen nicht nur, Stress abzubauen und im gegenwärtigen Moment präsent zu sein, sondern stärkte auch ihre emotionale Bindung zueinander. Das regelmäßige Praktizieren von Achtsamkeits- und Entspannungstechniken führte dazu, dass Anna und Daniel gelassener und zufriedener mit ihrem Leben wurden und besser auf die täglichen Herausforderungen in ihrer Beziehung und Familie reagieren konnten. Auch sexuell verstanden sie sich wieder besser.

Holen Sie sich Hilfe: Zögern Sie nicht, professionelle Hilfe in Anspruch zu nehmen, wenn der Stress in Ihrer Beziehung unüberwindbar erscheint. Eine Paartherapie oder -beratung kann Ihnen helfen, gemeinsam effektive Strategien zur Stressbewältigung zu entwickeln.

Beispiel: Laura und Peter hatten sich in den letzten Monaten immer weiter voneinander entfernt und bemerkt, dass ihre Beziehung unter ständigem Stress und häufigen Konflikten litt. Es fiel ihnen schwer, miteinander zu kommunizieren und ihre Meinungsverschiedenheiten konstruktiv zu lösen. Anstatt aufzugeben, erkannten sie, dass sie professionelle Hilfe brauchten, um ihre Beziehung zu retten und wieder zueinander zu finden. Sie beschlossen, gemeinsam eine Paartherapie zu machen. In der Therapie konnten sie offen über ihre Ängste, Erwartungen und Bedürfnisse sprechen und erhielten Unterstützung von einem neutralen, erfahrenen Therapeuten. Die Therapie half ihnen, ihre Kommunikationsmuster zu verbessern, Vertrauen wieder aufzubauen und neue Konfliktlösungsstrategien zu entwickeln. Mit der Zeit gelang es Laura und Peter, die negative Dynamik in ihrer Beziehung zu durchbrechen und ihre Liebe und Verbundenheit wieder zu entdecken. Die professionelle Hilfe, die sie in Anspruch genommen hatten, ermöglichte es ihnen, besser mit Stress umzugehen und eine stabilere und glücklichere Beziehung aufzubauen. Denn sie waren aus Liebe zusammengekommen und von einer gemeinsamen Zukunft überzeugt.

Jeder dieser Punkte kann dazu beitragen, den Stress in Ihrer Paarbeziehung mit Kindern zu verringern. Wenn Sie diese Vorschläge in Ihren Alltag integrieren, können Sie eine positivere und harmonischere Beziehung aufbauen und aufrechterhalten.

Wie man als Partner bei Stress unterstützt

Um sich bei Stress in der Partnerschaft richtig zu verhalten, ist es wichtig zu erkennen, wann sich der Partner in einer Stresssituation befindet. Stress kann sich auf verschiedene Weise äußern und von Person zu Person unterschiedlich sein. Es gibt jedoch einige häufige Anzeichen dafür, dass Ihre Partnerin gestresst ist:

- Reizbarkeit: Die gestresste Partnerin könnte leichter reizbar sein, sich schneller ärgern oder wegen Kleinigkeiten frustriert sein.
- Rückzug: Die gestresste Partnerin könnte sich emotional oder körperlich zurückziehen, weniger kommunikativ sein und weniger Interesse an gemeinsamen Aktivitäten zeigen.
- Schlafstörungen: Stress kann zu Schlafproblemen wie Schlaflosigkeit, unruhigem Schlaf oder häufigem nächtlichen Aufwachen führen.
- Müdigkeit: Die gestresste Partnerin kann ständig erschöpft oder übermäßig müde sein, auch wenn sie ausreichend schläft.

- Veränderungen im Essverhalten: Ein Anzeichen für Stress kann ein verändertes Essverhalten sein, sei es gesteigerter Appetit oder Appetitlosigkeit.

- Stimmungsschwankungen: Die Partnerin kann unerwartete Stimmungsschwankungen wie plötzliche Traurigkeit, Angst oder Nervosität erleben.

- Konzentrationsschwierigkeiten: Stress kann dazu führen, dass die Partnerin Schwierigkeiten hat, sich auf Aufgaben zu konzentrieren oder Entscheidungen zu treffen.

- Körperliche Symptome: Stress kann sich auch in körperlichen Beschwerden wie Kopf-, Nacken- und Rückenschmerzen, Magenproblemen oder häufigen Erkältungen und Infektionen äußern.

- Unruhe oder Nervosität: Die gestresste Partnerin kann unruhig werden, z. B. durch häufiges Herumzappeln, ständiges Aufstehen und Hinsetzen oder das Gefühl, nicht still sitzen zu können.

- Vernachlässigung von Hobbies und Interessen: Eine gestresste Person kann aufhören, Freude an Hobbys und Freizeitaktivitäten zu empfinden, die ihr früher Spaß gemacht haben.

Wenn Sie bemerken, dass Ihre Partnerin eines oder mehrere dieser Anzeichen zeigt, ist es wichtig, dass Sie sich als Gentleman einfühlsam und unterstützend verhalten. Sprechen Sie offen über Ihre Beobachtungen und bieten Sie Ihre Hilfe an, um gemeinsam nach Lösungen zu suchen, um den Stress abzubauen.

Wenn Sie ein Gespräch mit einer gestressten Partnerin führen wollen, ist es wichtig, den richtigen Zeitpunkt und eine angenehme Umgebung zu wählen. Achten Sie darauf, dass Sie beide genügend Zeit und Ruhe für das Gespräch haben, um Ablenkungen und Unterbrechungen zu vermeiden.

Beginnen Sie das Gespräch, indem Sie Ihre Beobachtungen mitteilen und Ihre Bedenken äußern. Sagen Sie zum Beispiel: "Mir ist aufgefallen, dass du in letzter Zeit gestresst und müde wirkst. Ich mache mir Sorgen um dich und möchte wissen, wie es dir geht." Achten Sie darauf, keine Schuldzuweisungen oder Kritik zu äußern, sondern konzentrieren Sie sich darauf, Ihre Unterstützung und Ihr Mitgefühl zu zeigen.

Hören Sie Ihrer Partnerin aufmerksam zu, wenn sie über ihre Stressfaktoren spricht. Vermeiden Sie es, sie zu unterbrechen oder Lösungen vorzuschlagen, bevor Ihre Partnerin zu Ende gesprochen hat. Zeigen Sie Verständnis und versichern Sie Ihrer Partnerin, dass ihre Gefühle und Sorgen wichtig sind.

Fragen Sie Ihre Partnerin, wie Sie sie unterstützen können, aber üben Sie keinen Druck aus. Manchmal wollen belastete Menschen nur gehört und verstanden werden, anstatt sofort Lösungen zu finden. Bieten Sie Ihre Hilfe an und seien Sie offen für Vorschläge, wie Sie den Stress gemeinsam bewältigen können.

Sprechen Sie auch über Ihre eigenen Erfahrungen und Gefühle in Bezug auf Stress. Dies kann dazu beitragen, eine stärkere emotionale Bindung aufzubauen und Ihrer Partnerin das Gefühl zu geben, nicht allein zu sein. Ermutigen Sie Ihre Partnerin, nach Lösungen zu suchen und professionelle Hilfe in Betracht zu ziehen, wenn der Stress überwältigend wird. Erzählen Sie Ihrer Partnerin, wie Sie sich fühlen, wenn Sie unter Stress stehen und wie Sie persönlich damit umgehen. Aber Vorsicht: Bieten Sie keine Lösungen an. Jeder Mensch hat seine eigenen Lösungen entwickelt, um mit Stress umzugehen. Das gilt für Sie selbst und Ihre Partnerin. Ihre persönliche Lösung hilft ihr aber vielleicht nicht weiter. Hören Sie einfach zu und zeigen Sie Zuneigung.

Am Ende des Gesprächs betonen Sie noch einmal Ihre Bereitschaft, Ihre Partnerin in dieser schwierigen Zeit zu unterstützen. Vereinbaren Sie, offen über Belastungen und Sorgen zu sprechen und sich regelmäßig nach dem Befinden der anderen zu erkundigen. Wenn Sie eine Atmosphäre des Vertrauens und der Offenheit schaffen, können Sie als Paar besser mit Stress umgehen und eine stärkere Beziehung aufbauen.

Eine Geschichte: Elena, eine liebevolle Mutter von zwei kleinen Kindern, hatte seit einiger Zeit mit Stress zu kämpfen. Die Anforderungen der Kinderbetreuung, der Arbeit und der Hausarbeit hatten sie überfordert. Sie konnte nachts kaum schlafen und hatte das Interesse am Essen verloren. Ihr Mann Tom bemerkte diese Veränderungen und machte sich große Sorgen um seine geliebte Frau. An einem warmen Frühlingsabend, als die Kinder früh zu Bett gegangen waren, beschloss Tom, dass es an der Zeit sei, mit Elena über ihre Situation zu sprechen. Er hatte das Wohnzimmer in eine gemütliche Atmosphäre mit sanftem Kerzenlicht und leiser Musik im Hintergrund verwandelt. Er kochte Elena eine Tasse heißen Tee und lud sie ein, sich zu ihm aufs Sofa zu setzen. Tom begann das Gespräch behutsam und drückte seine Sorge um Elenas Wohlergehen aus. Er erwähnte, dass er ihre Schlaflosigkeit und Appetitlosigkeit bemerkt hatte und dass er für sie da sein wollte, um sie zu unterstützen. Elena, die zunächst zögerte, öffnete sich schließlich und erzählte ihm von ihren Ängsten, Sorgen und der Überforderung, die sie fühlte. Tom hörte geduldig zu, ohne sie zu unterbrechen, und zeigte Verständnis und Empathie für ihre Situation. Er erinnerte sie daran, wie stark und fähig sie war und dass sie gemeinsam durch diese schwierige Zeit kommen würden. Dann schlug er vor, gemeinsam einen Plan zu entwickeln, um den Stress abzubauen und ihr Leben wieder ins Gleichgewicht zu bringen. In den folgenden Tagen und Wochen setzten Elena und Tom ihre Pläne in die Tat um. Sie teilten die Haushaltsaufgaben und die Verantwortung für die Kinder, sodass Elena mehr Zeit für sich hatte. Tom kümmerte sich um die Kinder, damit Elena an einem Yoga-Kurs teilnehmen konnte, der ihr half, Entspannungstechniken zu erlernen und ihre innere Balance wiederzufinden. An den Wochenenden organisierten sie als Familie Ausflüge und Picknicks im Park, um gemeinsam Zeit miteinander zu verbringen und die Schönheit der Natur zu genießen. Tom überraschte Elena auch mit kleinen romantischen Gesten, wie Blumen oder handgeschriebenen Liebesbotschaften, die ihr zeigten, wie sehr er sie liebte und schätzte. Nach und nach fand Elena ihre Lebensfreude wieder. Sie begann, besser zu schlafen und wieder normal zu essen. Ihre Beziehung zu Tom vertiefte sich, und ihre Liebe zueinander wuchs stärker denn je. Zusammen fanden sie einen Weg, den Stress in ihrem Leben zu bewältigen und eine harmonische Balance zwischen ihren Verpflichtungen als Eltern und ihrem Bedürfnis nach Zeit und Liebe als Paar herzustellen.

Völlig stressfrei in einer Liebesbeziehung zu sein bedeutet, dass beide Partner in einer harmonischen, ausgeglichenen und vertrauensvollen Beziehung leben. In der Realität ist es schwierig, eine völlig stressfreie Beziehung zu führen, da das Leben unvermeidlich Herausforderungen und Veränderungen mit sich bringt. Dennoch kann der Begriff "stressfrei" in diesem Zusammenhang als Ideal oder Ziel betrachtet werden, dem man sich in einer Beziehung annähern möchte.

In einer solchen Beziehung fühlen sich beide Partner emotional sicher und unterstützt. Sie sind in der Lage, offen und ehrlich miteinander zu kommunizieren, ohne Angst vor Zurückweisung oder Missverständnissen. Beide Partner schätzen die Bedürfnisse und Wünsche des anderen und sind bereit, Kompromisse einzugehen, um ein harmonisches Zusammenleben zu fördern. Sie respektieren die individuellen Grenzen und fördern die persönliche Entwicklung des anderen. Sie geben sich gegenseitig Raum und Zeit, um eigene Interessen und Freundschaften zu pflegen und verstehen, dass zu einer gesunden Beziehung auch ein ausgewogenes Verhältnis von gemeinsamen und getrennten Aktivitäten gehört.

Konflikte und Meinungsverschiedenheiten werden konstruktiv und respektvoll gelöst, ohne in destruktives Verhalten zu verfallen. Beide Partner können sich gegenseitig verzeihen und sind bereit, Verantwortung für ihr Handeln zu übernehmen.

In einer stressfreien Liebesbeziehung gelingt es den Partnern, eine Balance zwischen Arbeit, Freizeit und Familie zu finden, um emotionalen und körperlichen Stress zu reduzieren. Sie kümmern sich um ihr eigenes Wohlbefinden und achten auf die Bedürfnisse des anderen, damit sich beide in der Beziehung entfalten können.

Wenn Sie als Mann in einer Beziehung mit Kind(ern) unter Stress leiden, gelten diese Empfehlungen natürlich auch umgekehrt. Auch Ihre Partnerin sollte Sie unterstützen.

Leichtigkeit als Mittel zur Stressreduzierung

Leichtigkeit ist ein Zustand des Wohlbefindens und der Unbeschwertheit, der oft mit einer entspannten und gelassenen Haltung einhergeht. Sie kann eine wichtige Rolle bei der Stressreduktion spielen, indem sie hilft, mit den täglichen Belastungen und Herausforderungen besser umzugehen.

Wenn wir Leichtigkeit in unserem Leben und in unseren Beziehungen kultivieren, können wir eine entspanntere Perspektive einnehmen und uns weniger von stressigen Situationen überwältigt fühlen. Leichtigkeit ermöglicht es uns, Probleme und

Herausforderungen mit einer positiveren Einstellung anzugehen, was zu kreativeren und effektiveren Lösungen führen
kann.

Leichtigkeit kann auch dazu beitragen, dass wir besser auf unsere Bedürfnisse achten und uns mehr Zeit für Selbstfürsorge
und Entspannung nehmen. Indem wir uns Zeit für Aktivitäten
nehmen, die uns Freude bereiten und uns helfen, uns zu entspannen, können wir Stress abbauen und unsere allgemeine
Lebensqualität verbessern.

In Beziehungen kann Leichtigkeit dazu beitragen, die Atmosphäre zwischen den Partnern zu entspannen und das Zusammenleben harmonischer zu gestalten. Wenn beide Partner
eine Haltung der Leichtigkeit kultivieren, können sie besser
mit den alltäglichen Belastungen und Herausforderungen umgehen und ihre Beziehung stärken. Leichtigkeit steht in direk-
tem Zusammenhang mit Stressreduktion, da sie uns hilft, eine
gelassenere und positivere Einstellung zu entwickeln. Sie fördert eine bessere Selbstfürsorge und ermöglicht es uns, auch
in schwierigen Zeiten die schönen und wertvollen Aspekte des
Lebens zu schätzen.

Als Gentleman in einer Paarbeziehung kann man durch kreative Ansätze, die Leichtigkeit und Humor fördern, eine Atmosphäre der Entspannung und Unbeschwertheit schaffen, ohne
die Ernsthaftigkeit der Dinge zu vernachlässigen. Die Partnerin
steht im Mittelpunkt und es wird darauf geachtet, auf ihre Bedürfnisse und Gefühle einzugehen.

Ein erster Ansatz könnte sein, humorvolle und spielerische Aktivitäten in den Alltag einzubauen. Überraschen Sie Ihre Partnerin zum Beispiel mit einem spontanen Tanz in der Küche oder einer lustigen Anekdote, die Sie zum Schmunzeln bringt. Gemeinsames Lachen hilft Stress abzubauen und stärkt die emotionale Bindung.

Nehmen Sie sich Zeit für gemeinsame Erlebnisse, die Leichtigkeit und Freude fördern. Planen Sie abenteuerliche Ausflüge oder erkunden Sie gemeinsam neue Hobbys, die Spaß machen und für Abwechslung sorgen. Solche gemeinsamen Unternehmungen können dazu beitragen, den Alltagsstress in den Hintergrund treten zu lassen und die Beziehung zu beleben.

Überraschen Sie Ihre Partnerin ab und zu mit kleinen, liebevollen Gesten oder Komplimenten, die ihren Tag erhellen und ihr zeigen, wie sehr Sie sie schätzen. Eine unerwartete Liebesbotschaft oder ein kleines Geschenk können Wunder wirken, um die Stimmung zu heben und das Wohlbefinden zu fördern.

Behalten Sie auch in schwierigen Situationen Ihren Humor, ohne Ihre Partnerin zu verletzen. Wenn Sie über ein Problem sprechen, versuchen Sie, die Situation aus einer humorvollen Perspektive zu betrachten, ohne die Ernsthaftigkeit der Angelegenheit zu vernachlässigen. Dies kann helfen, Spannungen abzubauen und einen lösungsorientierten Ansatz zu fördern. Schaffen Sie eine Umgebung, in der sich Ihre Partnerin entspannen und neue Energie tanken kann. Ein entspanntes Zuhause, in dem man sich wohl fühlt, trägt wesentlich zur Stressreduktion und zum allgemeinen Wohlbefinden bei.

Insgesamt ist es wichtig, die Balance zwischen Leichtigkeit und Ernsthaftigkeit in einer Paarbeziehung zu finden. Indem Sie kreative Ansätze nutzen und Humor als Werkzeug einsetzen, können Sie Ihrer Partnerin helfen, Stress abzubauen und gleichzeitig sicherstellen, dass ihre Bedürfnisse und Sorgen ernst genommen werden.

Eine Geschichte: Sophie und Tom waren ein liebevolles und engagiertes Paar, das zwei wundervolle Kinder hatte, Max und Emily. Leider erkrankten beide Kinder plötzlich an einer schweren Grippe, die sie ans Bett fesselte und ihnen hohes Fieber bescherte. Sophie war bereits seit Tagen sehr besorgt und gestresst, weil sie sich ununterbrochen um die Kinder kümmerte und dabei ihre eigenen Bedürfnisse vernachlässigte. Tom wusste, dass er seiner Partnerin in dieser kritischen Situation beistehen musste und dass Humor und Leichtigkeit der Schlüssel sein könnten, um sie aufzumuntern und ihr dabei zu helfen, den Stress abzubauen. Eines Abends, als Sophie erschöpft auf dem Sofa saß, während die Kinder endlich schliefen, beschloss er, sie mit einer kleinen Überraschung aufzuheitern. Er betrat das Wohnzimmer mit einer großen Schachtel, die er in Geschenkpapier gewickelt hatte, und sagte: "Für die beste Mutter und Partnerin der Welt, ein kleines Dankeschön für alles, was du tust." Sophie blickte ihn überrascht an und begann, das Geschenk zu öffnen. Zum Vorschein kam ein selbstgemachter "Gutschein" für einen "Lach-marathon" mit einer Liste von lustigen Filmen und Serien, die sie zusammen anschauen konnten. Tom hatte sogar einige ih-rer Lieblingssnacks und Getränke besorgt, um den Abend noch gemütlicher zu gestalten. Sophie musste schmunzeln und spürte, wie die Anspannung in ihr nachließ. Sie hatten seit langem nicht mehr gemeinsam gelacht und den Alltag ausge-blendet. Gemeinsam machten sie es sich auf dem Sofa be-quem und schauten die erste Komödie auf der Liste. Während des Films konnten sie herzhaft lachen und sich endlich wieder einmal entspannen. An den folgenden Tagen wiederholten sie diesen Lachmarathon, immer wenn die Kinder schliefen. So-phie bemerkte, wie der Humor und die Leichtigkeit, die Tom in ihr Leben gebracht hatte, ihr halfen, besser mit der Situation umzugehen und die schwere Last, die sie trug, ein wenig leich-ter zu machen. Max und Emily erholten sich langsam, und So-phies Stresspegel sank spürbar. Sie erkannte, wie wichtig es war, trotz der schwierigen Umstände auf sich selbst zu achten und sich Zeit für Entspannung und Lachen zu nehmen. Tom hatte auf liebevolle Weise dafür gesorgt, dass Sophie die kriti-sche Situation überstand, und zeigte ihr, dass es inmitten der Sorgen auch Raum für Leichtigkeit und Freude gab.

Kinder mit Kindern spielen lassen

Warum ist es gut, wenn Kinder mit Kindern spielen? Was ist der Vorteil gegenüber dem Spielen mit Erwachsenen?

Für Kinder ist es wichtig, sowohl mit anderen Kindern als auch mit Erwachsenen zu spielen, da beide Arten der Interaktion verschiedene Vorteile bieten. Manche Mütter und Väter fühlen sich jedoch verpflichtet, regelmäßig auf ihre Kinder aufzupassen und verlieren dadurch wertvolle Zeit, die beide Partner brauchen, um sich als Paar zu beschäftigen. Gründe, warum das Spielen mit anderen Kindern besonders wertvoll ist:

Soziale Fähigkeiten: Im Spiel mit Gleichaltrigen lernen Kinder zu kommunizieren, zu kooperieren, zu teilen und Konflikte zu lösen. Sie üben Freundschaften zu schließen, Empathie zu zeigen und sich in andere hineinzuversetzen.

Unabhängigkeit: Im Spiel mit anderen Kindern haben Kinder die Möglichkeit, ihre Unabhängigkeit zu entwickeln, indem sie Entscheidungen treffen, Probleme lösen und Verantwortung für ihr Handeln übernehmen, ohne ständig von Erwachsenen angeleitet zu werden.

Selbstvertrauen und Selbstwertgefühl: Im Umgang mit Gleichaltrigen können Kinder ihre Stärken und Schwächen erkennen, sich ihrer Fähigkeiten bewusstwerden und Selbstver-

trauen entwickeln. Sie lernen auch, mit Misserfolgen umzugehen und Resilienz zu entwickeln, was ihr Selbstwertgefühl
stärkt.

Kreativität und Fantasie: Wenn Kinder mit anderen Kindern
spielen, haben sie oft mehr Freiheit, ihre Kreativität und Fantasie auszuleben. Sie erfinden gemeinsam Geschichten, Rollenspiele und Spiele, die ihnen helfen, ihre Vorstellungskraft
zu entwickeln und kreatives Denken zu fördern.

Entwicklung kognitiver Fähigkeiten: Beim Spielen mit
Gleichaltrigen sind Kinder oft gezwungen, komplexe Probleme
zu lösen, logisch zu denken und kritisches Denken zu entwickeln. Sie lernen auch, Informationen zu verarbeiten und neue
Konzepte zu verstehen.

Emotionale Intelligenz: Im Umgang mit anderen Kindern lernen sie, ihre Gefühle zu erkennen und auszudrücken und die
Gefühle anderer zu verstehen. Diese Fähigkeiten sind entscheidend für den Aufbau gesunder Beziehungen und die Bewältigung von Herausforderungen im späteren Leben.

Das Spiel mit Erwachsenen bietet zwar auch wichtige Lern-
möglichkeiten und emotionale Bindungserfahrungen, aber
das Spiel mit Gleichaltrigen ermöglicht Kindern, in einer weniger strukturierten Umgebung zu experimentieren und zu
wachsen.

Letztlich geht es immer um ein ausgewogenes Verhältnis, das den Bedürfnissen aller Beteiligten gerecht wird. Dazu gehört die Freude am Spiel genauso wie die Freude am Zusammensein. Im Zweifelsfall dürfen Kinder auch mit anderen Kindern spielen, ohne dass die Eltern ein schlechtes Gewissen haben müssen. Übertriebene Kinderbespaßung ist fehl am Platz. Für die Kinder ist es wichtig, dass die Familie zusammenbleibt, weil die Eltern sich auch um sich selbst kümmern und als Paar ihre Bedürfnisse ausleben können. Das baut Stress ab und gibt Gelegenheit zur Selbstfürsorge.

Kapitel 6

Selbstfürsorge in einer Beziehung mit Kindern

Selbstfürsorge in der Partnerschaft bezieht sich auf die Fähigkeit und Bereitschaft, für das eigene Wohlbefinden und die eigenen Bedürfnisse zu sorgen und gleichzeitig als Partner und Elternteil präsent zu sein. Aus psychologischer Sicht ist Selbstfürsorge wichtig, um eine gesunde Balance zwischen den Anforderungen des Alltags, der Partnerschaft und der Kindererziehung zu finden und das eigene emotionale, körperliche und geistige Wohlbefinden zu erhalten.

In einer Beziehung ist es wichtig, dass beide Partner auf ihre Selbstfürsorge achten. Zu den wesentlichen Aspekten, die ein Paar mit Kindern verinnerlichen sollte, gehören:

1. Zeit für sich selbst einplanen: Es ist wichtig, regelmäßig Zeit für sich selbst zu finden, um Hobbys nachzugehen, sich zu entspannen und neue Energie zu tanken.

2. Offene Kommunikation: Sprechen Sie offen über Ihre Bedürfnisse und Gefühle, um ein tieferes Verständnis und gegenseitige Unterstützung in der Beziehung zu fördern.
3. Grenzen setzen: Lernen Sie, „Nein" zu sagen und Ihre eigenen Grenzen zu wahren, um Überforderung und Erschöpfung zu vermeiden.

Als Gentleman können Sie Ihre Partnerin bei der Selbstpflege auf verschiedene Weise unterstützen:

1. Ermutigung: Ermutigen Sie Ihre Partnerin, sich Zeit für sich selbst zu nehmen und ihre Bedürfnisse nicht zu vernachlässigen. Zeigen Sie Verständnis und unterstützen Sie sie in ihren Bemühungen, sich selbst zu pflegen.
2. Hilfe anbieten: Bieten Sie Ihre Hilfe bei der Kinderbetreuung oder im Haushalt an, um Ihrer Partnerin mehr Freiraum für ihre Selbstfürsorge zu ermöglichen.
3. Gemeinsame Aktivitäten: Planen Sie gemeinsame Aktivitäten, die beiden Partnern Freude bereiten und gleichzeitig zur Entspannung und Erholung beitragen.

Indem Sie als Gentleman aufmerksam und einfühlsam sind und Ihre Partnerin in ihren Selbstfürsorge-Bemühungen unterstützen, tragen Sie dazu bei, eine gesunde und ausgeglichene Beziehung zu pflegen, in der beide Partner auf ihre individuellen Bedürfnisse achten und gleichzeitig füreinander da sind.

„Nein" sagen ist Kennzeichen von Selbstfürsorge

Viele Frauen können nicht Nein sagen. Das ist das größte Problem für die Selbstfürsorge in einer ausgewogenen Partnerschaft und Paarbeziehung. Gerade in der deutschen Gesellschaft gelten Frauen als perfekte Mütter, wenn sie bei der Kindererziehung alles im Griff haben und keine Schwächen zeigen. Dazu tragen auch die Mütter-Selbsterfahrungsgruppen bei, in denen es mehr um die Stärkung der Beziehung zu gleichgesinnten Frauen geht als um die Anleitung und Erziehung zu einer glücklichen und gleichberechtigten Paarbeziehung als Mann und Frau. Frauen allein, ohne die Hilfe ihrer Männer, erhöhen die Ansprüche an eine perfekte Kinderbetreuung. Man denke nur an die Gestaltung heutiger Kindergeburtstage, bei denen sich die Frauen an Organisation und Kreativität ständig überbieten wollen.

Was Kinder, Mann und Familie wirklich brauchen, ist eine Mutter und Partnerin, die nicht den Konkurrenzkampf mit anderen Müttern in den Vordergrund stellt, sondern die Paarbeziehung und die eigene Familie in den Mittelpunkt aller Aktivitäten stellt. Das ist manchmal schwierig, wenn die Partnerin den Fokus auf eine gute Mutter im Sinne der Gesellschaft und des sozialen Umfeldes gelegt hat und nicht „Nein" sagen kann.

Aus psychologischer Sicht kann das Problem, dass viele Frauen in einer Paarbeziehung nicht „Nein" sagen können, auf verschiedene Faktoren zurückgeführt werden. Einer dieser Faktoren ist die soziale Konditionierung. Frauen werden oft von klein auf dazu erzogen, fürsorglich, einfühlsam und kooperativ zu sein. Diese Erziehung kann dazu führen, dass Frauen Schwierigkeiten haben, ihre eigenen Bedürfnisse und Wünsche zu äußern, aus Angst, als egoistisch oder unfreundlich wahrgenommen zu werden.

Ein weiterer Faktor ist das Bedürfnis nach Anerkennung und Akzeptanz. Viele Frauen wollen geliebt und geschätzt werden und befürchten, dass ein Nein in einer Beziehung zu Konflikten oder Ablehnung führen könnte. Diese Angst kann es ihnen schwer machen, eigene Grenzen zu setzen und Nein zu sagen, wenn es notwendig ist.

Betroffene Frauen können ihr Selbstvertrauen stärken und das Neinsagen erleichtern, indem sie zunächst ihre eigenen Bedürfnisse, Wünsche und Grenzen erkennen und akzeptieren. Indem sie sich selbst besser verstehen, können sie ihre Prioritäten klarer erkennen und in der Beziehung kommunizieren. Ein gesundes Selbstwertgefühl hilft Frauen, sich ihrer eigenen Bedeutung bewusst zu werden und Entscheidungen zu treffen, die ihrem Wohlbefinden dienen, ohne sich ständig um die Meinung anderer kümmern zu müssen.
Frauen können auch lernen, ihre Gefühle und Bedürfnisse klar und respektvoll auszudrücken, ohne sich schuldig oder unsicher zu fühlen. Dies kann durch Übung, Selbsthilfebücher oder professionelle Hilfe erreicht werden.

Die Auswirkungen des Neinsagens in der Kommunikation mit dem Partner können sowohl positiv als auch negativ sein, je nachdem, wie das Nein präsentiert und aufgenommen wird. Positive Auswirkungen können die Stärkung der persönlichen Grenzen sein, wenn Frauen Nein sagen, um klare Grenzen zu setzen und ihr emotionales und körperliches Wohlbefinden zu schützen. Neinsagen kann auch dazu beitragen, ein Umfeld zu schaffen, in dem beide Partner ihre Bedürfnisse und Wünsche offen ansprechen und diskutieren können, was zu einer offenen und ehrlichen Kommunikation führt. Darüber hinaus kann Neinsagen die Beziehung stärken, indem es ein Gleichgewicht zwischen den Bedürfnissen beider Partner herstellt und das gegenseitige Verständnis fördert.

Negative Auswirkungen können jedoch auftreten, wenn das Neinsagen aggressiv oder unsensibel erfolgt, was zu Missverständnissen oder Konflikten führen kann. Daher ist es wichtig, dass Frauen lernen, ihre Grenzen auf respektvolle und liebevolle Weise zu kommunizieren, um eine gesunde und ausgeglichene Beziehung zu pflegen. Gentlemen können das Neinsagen ihrer Partnerinnen in einer Beziehung unterstützen, ohne dabei an Intensität der Beziehung zu verlieren, indem sie aufmerksam, verständnisvoll und einfühlsam sind. Sie können ihre Partnerinnen ermutigen, ihre eigenen Bedürfnisse und Wünsche offen zu äußern und ihnen zeigen, dass sie ihre Meinung wertschätzen. Dies kann durch aktives Zuhören, respektvolle Kommunikation und das Schaffen eines sicheren Umfelds erreicht werden, in dem beide Partner offen über ihre Gefühle und Bedenken sprechen können.

Es ist wichtig, dass Gentlemen das Neinsagen ihrer Partnerinnen als Chance betrachten, die Beziehung weiter zu vertiefen und zu stärken. Indem sie das Neinsagen respektieren und unterstützen, zeigen sie ihre Partnerinnen, dass sie ihre Autonomie und Individualität anerkennen. Dies kann dazu beitragen, ein Gefühl der Gleichberechtigung und gegenseitigen Achtung in der Beziehung zu fördern und letztendlich die Intensität und Nähe zwischen den Partnern zu erhöhen.

Gentlemen können auch in schwierigen Momenten Verständnis und Geduld zeigen, wenn ihre Partnerin „Nein" sagt. Statt auf Ablehnung oder Enttäuschung zu reagieren, können sie versuchen, die Perspektive ihrer Partnerin zu verstehen und gemeinsam nach alternativen Lösungen zu suchen, die beiden gerecht werden.

Schließlich ist es wichtig, dass Männer ihrer Partnerin Raum geben, sich zu entfalten und eigene Entscheidungen zu treffen. Das bedeutet, dass sie ihre Partnerin in ihren Entscheidungen unterstützen, auch wenn sie nicht immer mit ihr übereinstimmen. Indem sie ihre Partnerin ermutigen, selbstbewusst und unabhängig zu sein, stärken sie das gegenseitige Vertrauen und die Bindung in der Beziehung.

Kreative Selbstpflege und Intimität (82 Ideen)

Selbstpflege als Paar ist keine Herausforderung. Sie lässt sich wunderbar in den Alltag integrieren. Auch Intimität kann Teil der Selbstpflege sein, wenn Sie sie dies als Paar in einer Beziehung so definieren. Idealerweise wählen Sie gemeinsam mit Ihrer Partnerin aus der folgenden Liste von Selbstpflege-Empfehlungen zehn Punkte aus, die zu Ihnen und Ihrem Lebensmodell passen und von denen Sie überzeugt sind, Ihre Beziehung nachhaltig zu stärken.

1. Micro-Moments: Nutzen Sie kurze Momente während des Tages, um sich auf sich selbst zu konzentrieren, z. B. beim Warten auf den Kaffee oder während einer Werbepause im Fernsehen. Diese kurzen Pausen können dazu genutzt werden, um tief durchzuatmen, eine kurze Meditation durchzuführen oder sich mit positiven Gedanken zu füllen.

2. Gemeinsame Self-Care-Rituale: Erstellen Sie gemeinsame Rituale, die zur Selbstpflege beitragen, wie zum Beispiel das gemeinsame Kochen eines gesunden Gerichts oder das Einrichten eines wöchentlichen Filmabends. Diese gemeinsamen Aktivitäten können helfen, das Paar zu verbinden und gleichzeitig zur Selbstpflege beizutragen.

3. Tauschen Sie Aufgaben: Vereinbaren Sie einen Tag, an dem Sie und Ihr Partner die Verantwortlichkeiten des anderen übernehmen. Dies gibt jedem die Möglichkeit, sich

in die Rolle des anderen zu versetzen, Empathie zu entwickeln und ein besseres Verständnis für die Bedürfnisse des anderen zu gewinnen.

4. Lernen Sie etwas Neues: Entdecken Sie gemeinsam neue Hobbys oder Interessen, die zur Entspannung und Freude beitragen, wie zum Beispiel Malen, Tanzen oder eine neue Sportart. Das Erlernen neuer Fähigkeiten kann das Selbstwertgefühl stärken und gleichzeitig eine gemeinsame Aktivität bieten, die das Paar verbindet.

5. Nutzen Sie Technologie: Verwenden Sie Apps oder Online-Tools, die zur Selbstpflege beitragen, z. B. Meditation-Apps, Online-Yoga-Kurse oder Apps zur Stärkung der mentalen Gesundheit. Diese Tools können Ihnen helfen, Zeit für sich selbst zu finden, auch wenn das Leben hektisch ist.

6. Verbinden Sie sich mit der Natur: Nutzen Sie die heilende Kraft der Natur, indem Sie regelmäßig Spaziergänge im Freien machen, gemeinsam Gartenarbeit betreiben oder in der Nähe eines Sees oder Flusses picknicken. Die Natur kann einen ruhigen Raum bieten, um Stress abzubauen und die Beziehung zu stärken.

7. Kreatives Tagebuch: Führen Sie gemeinsam ein Tagebuch, in dem Sie Ihre Gedanken, Gefühle und Erfahrungen teilen. Dies kann eine kreative Möglichkeit sein, die Kommunikation zu fördern und gleichzeitig einen Raum für Selbstreflexion und -ausdruck zu schaffen.

8. Lachen: Integrieren Sie Humor in Ihren Alltag, indem Sie lustige Filme ansehen, Witze erzählen oder Comedy-

Events besuchen. Lachen ist eine ausgezeichnete Methode, um Stress abzubauen und die Bindung zwischen Ihnen und Ihrem Partner zu stärken.

9. Kleine Überraschungen: Überraschen Sie Ihren Partner gelegentlich mit kleinen Gesten der Liebe und Fürsorge, wie zum Beispiel einer handgeschriebenen Notiz oder einer Tasse Tee am Morgen.

10. Integrieren Sie Achtsamkeit in den Alltag: Nutzen Sie alltägliche Aktivitäten wie das Zähneputzen oder Geschirrspülen, um sich auf den gegenwärtigen Moment zu konzentrieren und Achtsamkeit zu üben. Dies kann helfen, Stress abzubauen und das Bewusstsein für sich selbst und den Partner zu erhöhen.

11. Gestalten Sie Ihr Zuhause gemeinsam: Arbeiten Sie als Paar daran, Ihr Zuhause zu einem entspannenden und inspirierenden Ort zu machen. Hängen Sie Kunstwerke auf, pflanzen Sie Zimmerpflanzen oder richten Sie gemütliche Ecken ein, in denen Sie sich zurückziehen und entspannen können.

12. Virtuelle Spielabende: Organisieren Sie virtuelle Spielabende mit Freunden oder der Familie, um gemeinsam Spaß zu haben und gleichzeitig das soziale Netzwerk zu stärken. Dies kann dazu beitragen, das Gefühl der Isolation zu verringern und gleichzeitig das Gemeinschaftsgefühl zu fördern.

13. Gemeinsames Frühstücken: Nehmen Sie sich Zeit für ein gemeinsames Frühstück, um den Tag entspannt und verbunden zu beginnen. Nutzen Sie diese Zeit, um über Ihre

Pläne und Ziele für den Tag zu sprechen und sich gegenseitig zu ermutigen.

14. Musikalische Selbstpflege: Hören Sie gemeinsam Musik oder stellen Sie eine Playlist mit entspannenden oder inspirierenden Liedern zusammen. Musik kann helfen, Emotionen auszudrücken und zu verarbeiten, und gemeinsames Musikhören kann die Bindung stärken.

15. Wertschätzungsbuch: Führen Sie ein gemeinsames Wertschätzungsbuch, in dem Sie regelmäßig aufschreiben, was Sie an Ihrem Partner schätzen. Dies kann dazu beitragen, die positiven Aspekte Ihrer Beziehung hervorzuheben und die Bindung zu stärken.

16. Planen Sie Mini-Auszeiten: Organisieren Sie kurze Pausen von der Routine, wie zum Beispiel ein spontanes Picknick im Park oder einen Nachmittag im Museum. Diese kleinen Auszeiten können dabei helfen, den Geist zu erfrischen und die Beziehung lebendig zu halten.

17. Regelmäßige Check-ins: Führen Sie regelmäßige Check-ins durch, um über Ihre Gefühle, Bedenken und Wünsche zu sprechen. Wie geht es mir heute? Was fühle ich gerade? Gegenseitig dabei zuhören. Dies kann dazu beitragen, offene Kommunikation zu fördern und sicherzustellen, dass beide Partner auf dem gleichen Stand sind.

18. Selbstpflege-Box: Erstellen Sie eine Selbstpflege-Box, die Gegenstände enthält, die Ihnen und Ihrem Partner Freude und Entspannung bereiten. Dies kann Duftkerzen, Massagewerkzeuge, Lieblingsbücher oder Schokolade beinhalten. Greifen Sie auf diese Box zu, wenn Sie oder Ihr Partner

eine Auszeit benötigen, um sich selbst zu verwöhnen und Stress abzubauen.

19. Gestalten Sie gemeinsame Rituale: Entwickeln Sie Rituale, die Ihnen beiden Freude bereiten, wie zum Beispiel das gemeinsame Vorlesen eines Buches vor dem Schlafengehen oder das gemeinsame Gießen der Zimmerpflanzen. Rituale können dazu beitragen, die Verbindung zwischen Ihnen und Ihrem Partner zu stärken und gleichzeitig zur Selbstpflege beizutragen.

20. Gelegentliches "Ja-Tag": Planen Sie einen "Ja-Tag", an dem Sie und Ihr Partner den Wünschen des anderen zustimmen (innerhalb vernünftiger Grenzen). Dies kann eine spielerische Möglichkeit sein, den Fokus auf die Bedürfnisse des anderen zu richten und gleichzeitig eine positive Stimmung zu schaffen.

21. Gemeinsame Fitness: Integrieren Sie gemeinsame körperliche Aktivitäten in Ihren Alltag, wie zum Beispiel Spaziergänge, Yoga oder Tanzen. Körperliche Aktivität kann dazu beitragen, Stress abzubauen und gleichzeitig die Bindung zwischen Ihnen und Ihrem Partner zu stärken.

22. Inspirierende Zitate: Sammeln Sie inspirierende Zitate oder Gedichte, die Ihnen und Ihrem Partner in schwierigen Zeiten Mut machen können. Hängen Sie diese Zitate an sichtbaren Stellen auf oder teilen Sie sie gelegentlich miteinander, um sich gegenseitig zu ermutigen und aufzubauen.

23. Fotografieren Sie Glücksmomente: Halten Sie besondere Momente, die Sie mit Ihrem Partner und Ihrer Familie erleben, mit Fotos fest. Erstellen Sie daraus ein Fotoalbum

oder eine digitale Diashow, die Sie sich gemeinsam ansehen können, um sich an die glücklichen Zeiten zu erinnern und das Wohlbefinden zu steigern.

24. Abendliche Entspannung: Integrieren Sie entspannende Aktivitäten in Ihre abendliche Routine, wie zum Beispiel gemeinsames Teetrinken, Aromatherapie oder das Hören von entspannender Musik. Diese Aktivitäten können dazu beitragen, den Geist zu beruhigen und die Beziehung zu stärken.

25. Küchentanz: Tanzen Sie zusammen in der Küche, während Sie das Abendessen zubereiten oder aufräumen. Dies kann eine lustige Möglichkeit sein, Stress abzubauen, die Stimmung zu heben und gleichzeitig gemeinsam Zeit zu verbringen.

26. Pausen einplanen: Setzen Sie sich als Paar hin und planen Sie regelmäßige Pausen im Alltag, um sicherzustellen, dass Sie und Ihr Partner Zeit haben, sich zu entspannen und aufzuladen. Dies kann eine kurze Mittagspause oder ein Wochenendausflug sein, der dazu beiträgt, die Batterien wieder aufzuladen und Stress abzubauen.

27. Kunsttherapie: Nutzen Sie kreativen Ausdruck als gemeinsames Mittel zur Stressbewältigung, indem Sie zusammen malen, zeichnen oder basteln. Kunsttherapie kann helfen, Emotionen zu verarbeiten und das Wohlbefinden zu fördern.

28. Inspirierende Podcasts: Hören Sie gemeinsam inspirierende Podcasts, die sich auf Selbstpflege, persönliches Wachstum oder Beziehungen konzentrieren. Dies kann

dazu beitragen, Ihre Perspektive zu erweitern und neue Ideen und Techniken zur Stressbewältigung zu entdecken.

29. Gegenseitige Massagen: Bieten Sie Ihrem Partner eine entspannende Massage an, um körperliche Verspannungen zu lösen und gleichzeitig die Verbindung und Intimität zu fördern.

30. Planen Sie Überraschungs-Verabredungen: Organisieren Sie gelegentlich Überraschungs-Verabredungen für Ihren Partner, um Abwechslung und Aufregung in die Beziehung zu bringen und gleichzeitig gemeinsame Erlebnisse zu schaffen.

31. Schaffen Sie eine "Keine-Technik-Zone": Vereinbaren Sie einen Bereich in Ihrem Zuhause, in dem keine Technik wie Handys, Tablets oder Laptops erlaubt ist. Nutzen Sie diesen Raum, um sich gemeinsam auf die Beziehung und die Selbstpflege zu konzentrieren.

32. Stille Zeit: Planen Sie gelegentlich Momente der Stille, in denen Sie und Ihr Partner gemeinsam in Ruhe sitzen und Ihre Gedanken schweifen lassen. Dies kann dazu beitragen, den Geist zu beruhigen und den Fokus auf das gegenwärtige Moment zu lenken.

33. Unterstützungsnetzwerk aufbauen: Bauen Sie ein Netzwerk aus Freunden und Familie auf, die Sie und Ihren Partner in Ihrer Selbstpflege-Reise unterstützen können. Dies kann dazu beitragen, das Gefühl der Isolation zu verringern und eine Gemeinschaft der Unterstützung zu schaffen.

34. Abenteuer planen: Planen Sie gemeinsame Abenteuer, wie zum Beispiel Wanderungen, Campingausflüge oder

Städtetrips. Diese gemeinsamen Erlebnisse können dazu beitragen, die Beziehung zu stärken und gleichzeitig das Bedürfnis nach Abwechslung und Erholung zu befriedigen.

35. Abenteuer planen (Fortsetzung): Diese gemeinsamen Erlebnisse können dazu beitragen, die Beziehung zu stärken und gleichzeitig das Bedürfnis nach Abwechslung und Erholung zu befriedigen.

36. Freiwilligenarbeit: Engagieren Sie sich gemeinsam in Freiwilligenprojekten oder sozialen Aktivitäten, die Ihnen beiden am Herzen liegen. Das gemeinsame Engagement für eine gute Sache kann helfen, den Fokus auf das Wohlergehen anderer zu richten und gleichzeitig die Bindung zwischen Ihnen und Ihrem Partner zu stärken.

37. Affirmationen: Erstellen Sie positive Affirmationen, die Sie und Ihr Partner gemeinsam verwenden können, um Selbstvertrauen und Selbstliebe zu fördern. Wiederholen Sie diese Affirmationen regelmäßig, um die positiven Botschaften zu verinnerlichen.

38. Spontane Mini-Ausflüge: Überraschen Sie Ihren Partner mit spontanen Mini-Ausflügen, um den Alltagsstress zu entkommen und gemeinsam neue Orte zu erkunden. Solche Ausflüge können dazu beitragen, die Beziehung aufzufrischen und neue gemeinsame Erinnerungen zu schaffen.

39. Tauschen Sie Komplimente aus: Sagen Sie Ihrem Partner regelmäßig, was Sie an ihm schätzen und lieben. Dies kann dazu beitragen, eine Atmosphäre der Wertschätzung und Unterstützung in der Beziehung zu schaffen und das Selbstwertgefühl beider Partner zu stärken.

40. Stellen Sie eine "Notfall-Selbstpflege-Tasche" zusammen: Packen Sie eine kleine Tasche mit Gegenständen, die dazu beitragen, Stress abzubauen und Entspannung zu fördern, wie zum Beispiel eine Augenmaske, beruhigende ätherische Öle oder eine kleine Tüte Lavendel. Greifen Sie auf diese Tasche zu, wenn Sie oder Ihr Partner eine schnelle Selbstpflegepause benötigen.

41. Gemeinsames Brainstorming: Setzen Sie sich zusammen und brainstormen Sie über kreative und unkonventionelle Ideen, um die Selbstpflege in Ihren Alltag zu integrieren. Dies kann dazu beitragen, neue Techniken und Aktivitäten zu entdecken, die speziell auf Ihre Bedürfnisse und Vorlieben zugeschnitten sind.

42. Entwickeln Sie eine gemeinsame Sprache: Entwickeln Sie eine gemeinsame Sprache oder Codes, um auf Ihre Bedürfnisse und Gefühle in der Beziehung aufmerksam zu machen. Dies kann dazu beitragen, die Kommunikation zu verbessern und die Bedürfnisse des anderen besser zu verstehen.

43. Regelmäßige "Wie geht es Dir?"-Gespräche: Führen Sie regelmäßige "Wie geht es Dir?"-Gespräche, um auf dem Laufenden zu bleiben, wie es Ihrem Partner geht und welche Unterstützung er benötigt. Diese Gespräche können dazu beitragen, die Kommunikation offen und ehrlich zu halten und eine Atmosphäre des Verständnisses und der Fürsorge zu schaffen.

44. Gemeinsame Bucket List (Fortsetzung): Dies kann dazu beitragen, gemeinsame Ziele und Träume zu verfolgen und

gleichzeitig eine aufregende und motivierende Atmosphäre in der Beziehung zu schaffen.

45. Teilen Sie Ihre Selbstpflegeerfolge: Sprechen Sie offen über Ihre Selbstpflegeerfolge und -herausforderungen mit Ihrem Partner. Dies kann dazu beitragen, ein Umfeld der Ehrlichkeit und Unterstützung zu schaffen, in dem beide Partner ihre Selbstpflegebedürfnisse offen ansprechen können.

46. Schaffen Sie Erinnerungen: Unternehmen Sie gemeinsame Aktivitäten, um wertvolle Erinnerungen zu schaffen, die Sie in schwierigen Zeiten an die glücklichen Momente in Ihrer Beziehung erinnern. Dies kann dazu beitragen, die Bindung zwischen Ihnen und Ihrem Partner zu stärken und eine positive Grundlage für die Zukunft zu schaffen.

47. Gemeinsame Meditation: Üben Sie gemeinsame Meditation, um den Geist zu beruhigen und Ihre Verbindung zueinander zu vertiefen. Durch gemeinsame Meditation können Sie und Ihr Partner den Fokus auf das gegenwärtige Moment lenken und gleichzeitig Achtsamkeit und Verbundenheit fördern.

48. Kreative Workshops: Nehmen Sie gemeinsam an kreativen Workshops oder Kursen teil, um neue Fähigkeiten zu erlernen oder vorhandene Talente weiterzuentwickeln. Diese Aktivitäten können dazu beitragen, Selbstvertrauen aufzubauen und gleichzeitig die Bindung zwischen Ihnen und Ihrem Partner zu stärken.

49. "Was wäre, wenn"-Gespräche: Führen Sie gelegentlich "Was wäre, wenn"-Gespräche, um über hypothetische Situationen und Zukunftspläne zu diskutieren. Dies kann

dazu beitragen, die Fantasie anzuregen und gleichzeitig die Kommunikation und das Verständnis füreinander zu fördern.

50. Geheimnisse teilen: Teilen Sie gelegentlich kleine Geheimnisse oder Geständnisse miteinander, um eine tiefere emotionale Verbindung und Vertrauen aufzubauen.

51. Gemeinsame Naturerlebnisse: Verbringen Sie gemeinsam Zeit in der Natur, um frische Luft zu genießen, den Stress abzubauen und gleichzeitig die Verbindung zueinander zu stärken. Das kann beispielsweise durch Wandern, Radfahren oder Picknicken im Park geschehen.

52. Erstellen Sie gemeinsam eine Vision für Ihre Zukunft (Fortsetzung): Setzen Sie sich zusammen und entwickeln Sie eine gemeinsame Vision für Ihre Zukunft. Sprechen Sie über Ihre Ziele, Träume und Hoffnungen, um ein klares Verständnis dafür zu entwickeln, was Sie beide als Paar erreichen möchten.

53. Lernen Sie die Lieblingssprache des anderen: Lernen Sie die Muttersprache oder eine Lieblingssprache Ihres Partners, um mehr über seine Kultur und Herkunft zu erfahren. Dies kann dazu beitragen, die Verbindung und das Verständnis füreinander zu vertiefen.

54. Planen Sie Themenabende (Fortsetzung): Diese Aktivitäten können dazu beitragen, Abwechslung und Spaß in Ihre Beziehung zu bringen und gleichzeitig gemeinsame Interessen und Vorlieben zu erkunden.

55. Kleine Gesten der Zuneigung: Zeigen Sie Ihrem Partner täglich kleine Gesten der Zuneigung, wie zum Beispiel Umarmungen, Küsse oder liebevolle Worte. Diese Gesten

können dazu beitragen, die emotionale Verbindung und das Wohlbefinden beider Partner zu fördern.

56. Gemeinsame Lesezeit: Setzen Sie sich gemeinsam hin und lesen Sie Bücher oder Artikel, die sich auf Selbstpflege, persönliches Wachstum oder Beziehungsthemen konzentrieren. Teilen Sie Ihre Gedanken und Erkenntnisse miteinander, um ein tieferes Verständnis und neue Perspektiven zu gewinnen.

57. Wachstumsziele festlegen: Setzen Sie sich gemeinsam hin und legen Sie persönliche und gemeinsame Wachstumsziele fest. Dies kann dazu beitragen, Verantwortung für Ihre Selbstpflege und persönliche Entwicklung zu übernehmen und gleichzeitig die Beziehung zu stärken.

58. Besuchen Sie Komödien- oder Kabarettshows: Planen Sie gelegentliche Ausflüge zu Komödien- oder Kabarettshows, um gemeinsam zu lachen und den Alltagsstress abzubauen. Lachen ist bekanntlich eine der besten natürlichen Methoden zur Stressbewältigung und zur Verbesserung des allgemeinen Wohlbefindens.

59. Kuschelzeit: Planen Sie regelmäßige Kuschelzeiten, um die körperliche Nähe und Verbundenheit in Ihrer Beziehung zu fördern. Kuscheln kann dazu beitragen, Stress abzubauen und das Wohlbefinden zu steigern.

60. Gemeinsame Haustierpflege: Wenn Sie ein Haustier haben, teilen Sie die Verantwortung für dessen Pflege und nutzen Sie diese Zeit, um gemeinsam für das Wohl Ihres tierischen Begleiters zu sorgen. Die Pflege von Haustieren kann dazu beitragen, die Bindung und das Gefühl der Zusammengehörigkeit in Ihrer Beziehung zu stärken.

61. Lernen Sie gemeinsam ein Musikinstrument: Wählen Sie ein Musikinstrument, das Sie beide interessiert, und lernen Sie gemeinsam, darauf zu spielen. Das Erlernen eines Instruments kann dazu beitragen, Kreativität und Selbstvertrauen zu fördern, während Sie gleichzeitig eine gemeinsame Aktivität teilen.

62. Planen Sie eine wöchentliche "Freundeszeit": Legen Sie eine wöchentliche Zeit fest, in der Sie beide unabhängig voneinander Zeit mit Freunden verbringen. Dies ermöglicht es Ihnen und Ihrem Partner, soziale Bedürfnisse außerhalb der Beziehung zu erfüllen und gleichzeitig die Selbstpflege zu fördern.

63. Teilnahme an Gruppen- oder Paartherapie: Erwägen Sie, gemeinsam an Gruppen- oder Paartherapiesitzungen teilzunehmen, um Ihre Kommunikationsfähigkeiten zu verbessern und die Selbstpflege innerhalb Ihrer Beziehung zu fördern.

64. Erstellen Sie eine gemeinsame Spotify-Playlist (Fortsetzung): Erstellen Sie eine gemeinsame Playlist mit entspannenden oder aufmunternden Liedern, die Sie beide mögen. Hören Sie diese Playlist gemeinsam, um sich zu entspannen oder Ihre Stimmung zu heben.

65. Fotografie-Hobby: Entdecken Sie gemeinsam die Welt der Fotografie, indem Sie Spaziergänge unternehmen und die Schönheit Ihrer Umgebung einfangen. Dies kann Ihnen dabei helfen, Ihre kreative Seite zu erkunden und gleichzeitig die Verbundenheit in Ihrer Beziehung zu stärken.

66. Schreiben Sie Liebesbriefe: Schreiben Sie gelegentlich handgeschriebene Liebesbriefe aneinander, um Ihre Gefühle und Wertschätzung auszudrücken. Dies kann dazu beitragen, die emotionale Intimität in Ihrer Beziehung zu vertiefen.

67. Üben Sie Achtsamkeit: Integrieren Sie Achtsamkeitsübungen in Ihren gemeinsamen Alltag, um den Fokus auf das gegenwärtige Moment zu lenken und Stress abzubauen. Achtsamkeit kann dazu beitragen, das allgemeine Wohlbefinden zu verbessern und die Verbindung zwischen Ihnen und Ihrem Partner zu stärken.

68. Besuchen Sie kulturelle Veranstaltungen: Planen Sie gemeinsame Ausflüge zu kulturellen Veranstaltungen wie Theateraufführungen, Kunstausstellungen oder Filmfestivals. Diese Aktivitäten können dazu beitragen, Ihre Horizonte zu erweitern und neue gemeinsame Interessen zu entdecken.

69. Geocaching: Entdecken Sie gemeinsam das Geocaching, eine Art Schatzsuche, bei der Sie versteckte, Objekte finden, indem Sie GPS-Koordinaten verwenden. Dies kann eine unterhaltsame und abenteuerliche Möglichkeit sein, Zeit miteinander zu verbringen und gleichzeitig die Welt um Sie herum zu erkunden.

70. Erstellen Sie eine Dankbarkeitsliste: Setzen Sie sich regelmäßig zusammen und erstellen Sie eine Liste der Dinge, für die Sie in Ihrer Beziehung und Ihrem Leben dankbar sind. Dankbarkeit kann dazu beitragen, eine positive Einstellung zu fördern und das allgemeine Wohlbefinden zu verbessern.

71. Teilen Sie Ihre Kindheitserinnerungen: Erzählen Sie sich gegenseitig Geschichten aus Ihrer Kindheit und teilen Sie Ihre Erinnerungen miteinander. Dies kann dazu beitragen, ein tieferes Verständnis für Ihre jeweilige Geschichte zu entwickeln und gleichzeitig Ihre emotionale Verbindung zu stärken.

72. Gärtnern: Bauen Sie gemeinsam einen Garten oder pflegen Sie Zimmerpflanzen. Gärtnern kann entspannend und therapeutisch sein und Ihnen dabei helfen, die Verbindung zur Natur zu stärken.

73. Ausprobieren neuer Sportarten: Wagen Sie sich gemeinsam in neue Sportarten oder körperliche Aktivitäten, um Abwechslung und Aufregung in Ihre Beziehung zu bringen und gleichzeitig Ihre Fitnessziele zu erreichen.

74. Schaffen Sie Rituale (Fortsetzung): Rituale können dazu beitragen, Stabilität und Verbundenheit in Ihrer Beziehung zu fördern und Ihnen dabei helfen, Ihre täglichen Selbstpflegegewohnheiten zu etablieren.

75. Kochen Sie gemeinsam gesunde Mahlzeiten: Kümmern Sie sich gemeinsam um Ihre Ernährung, indem Sie zusammen gesunde Mahlzeiten zubereiten und genießen. Dies kann dazu beitragen, Ihre Gesundheit zu fördern und gleichzeitig die Bindung in Ihrer Beziehung zu stärken.

76. Besuchen Sie Selbsterfahrungsworkshops: Nehmen Sie gemeinsam an Selbsterfahrungsworkshops teil, um persönliches Wachstum und Selbstbewusstsein zu fördern. Diese Workshops können Ihnen dabei helfen, Ihre Kommunikationsfähigkeiten zu verbessern und Ihre Beziehung auf einer tieferen Ebene zu stärken.

77. Tanzen Sie zusammen: Egal, ob Sie professionelle Tanzstunden besuchen oder einfach zu Hause zu Ihrer Lieblingsmusik tanzen, das gemeinsame Tanzen kann dazu beitragen, die körperliche und emotionale Verbindung in Ihrer Beziehung zu stärken.

78. Schreiben Sie gemeinsam ein Tagebuch: Führen Sie gemeinsam ein Tagebuch, in dem Sie Ihre Gedanken, Erfahrungen und Erinnerungen festhalten. Dies kann Ihnen dabei helfen, Ihre Beziehung und Ihr Wachstum als Paar im Laufe der Zeit zu reflektieren.

79. Gemeinsame kreative Projekte: Arbeiten Sie zusammen an kreativen Projekten, wie zum Beispiel Malen, Töpfern oder Schreiben. Das Teilen eines kreativen Prozesses kann Ihre Verbindung vertiefen und Ihnen helfen, ein gemeinsames Ziel zu erreichen.

80. Regelmäßige Pausen einlegen: Legen Sie während des Tages gemeinsame Pausen ein, um sich zu entspannen und Ihre Batterien wieder aufzuladen. Dies kann dazu beitragen, Stress abzubauen und Ihnen und Ihrem Partner die Möglichkeit geben, sich auf Ihre Selbstpflegebedürfnisse zu konzentrieren.

81. Überraschen Sie einander: Planen Sie gelegentlich kleine Überraschungen für Ihren Partner, wie zum Beispiel das Zubereiten eines besonderen Frühstücks oder das Hinterlassen einer liebevollen Notiz. Solche Gesten können dazu beitragen, die Aufregung und Romantik in Ihrer Beziehung am Leben zu erhalten.

82. Gemeinsames Yoga: Üben Sie gemeinsam Yoga, um Stress abzubauen, Ihre Flexibilität zu verbessern und Ihre

Verbindung zueinander zu vertiefen. Yoga kann Ihnen helfen, sich sowohl körperlich als auch geistig zu entspannen und gleichzeitig Ihre Beziehung zu stärken.

Da die Interessen von Mann und Frau in einer Paarbeziehung sehr unterschiedlich sind, ist es sinnvoll, zunächst Aktivitäten auszuwählen, bei denen sich beide Partner entspannen können und sich wohl fühlen. Ist dies der Fall, können weitere Aktivitäten ausgewählt werden, die mehr Spannung und Spaß für beide Partner beinhalten. Nehmen Sie sich nicht zu viel vor und schaffen Sie lieber kleine, aber regelmäßige Rituale, bei denen Sie sich immer wieder näherkommen und mit Leichtigkeit und Humor miteinander kommunizieren können. Tun Sie nichts, nur um Ihrer Partnerin zu gefallen. Das ist kontraproduktiv. Diese Dinge kann Ihre Partnerin in ihrer Selbstpflegezeit sehr gut allein machen.

Selbstpflege hat ansonsten in einer Paarbeziehung viel mit Gemeinsamkeit zu tun, weil gemeinsame Aktivitäten und Rituale dazu beitragen, eine stärkere emotionale Verbindung und Intimität zwischen den Partnern aufzubauen. Indem man gemeinsam Zeit verbringt, sich gegenseitig unterstützt und auf die Bedürfnisse des anderen eingeht, entsteht ein sicherer Raum, in dem beide Partner wachsen und gedeihen können. Wenn ein Paar gemeinsame Selbstpflegepraktiken entwickelt, lernen sie, aufeinander einzugehen und ein Gleichgewicht zwischen ihren individuellen Bedürfnissen und denen der Beziehung zu finden. Dies fördert eine gesunde Dynamik, in der beide Partner sich geliebt, geschätzt und umsorgt fühlen.

Gemeinsame Selbstpflegeaktivitäten helfen auch dabei, Stress abzubauen und das Wohlbefinden beider Partner zu fördern. Indem sie zusammen aktiv sind, Zeit miteinander verbringen und füreinander da sind, stärken sie ihre Beziehung und schaffen eine solide Grundlage, auf der sie aufbauen können. Letztendlich stärkt die gemeinsame Selbstpflege in einer Paarbeziehung das gegenseitige Verständnis, fördert das Vertrauen und ermöglicht es beiden Partnern, auf ihre eigenen Bedürfnisse und die Bedürfnisse des anderen einzugehen. Es ist gar nicht mehr notwendig „Nein" zu sagen.

Wenn Sie in Ihrer jetzigen Situation keine Zeit füreinander und für sich selbst finden und keinen Kamin zu Hause haben, können Sie einfach den Fernseher anschalten und als Kamin benutzen. Bei YouTube gibt es dafür entsprechende Videos oder Sie laden eine App herunter. Machen Sie symbolisch gesehen das Feuer an und hören Sie das knistern in angenehmer Lautstärke. Lassen Sie den Feuerschein auf sich wirken und schalten Sie das Licht aus. Legen Sie sich dann mit Ihrer Partnerin aufs Sofa oder ins Bett, schauen Sie sich wieder in die Augen wie damals, als Sie verliebt waren, berühren Sie sich, wenn Sie wollen, und beginnen Sie einfach, in einem ruhigen, zärtlichen Zwiegespräch über die Dinge zu sprechen, die Sie bewegen. Hören Sie einfach zu, was Ihre Partnerin zu sagen hat, und stellen Sie die Kommunikation wieder so her, wie sie war, als Sie noch frisch verliebt waren. Verzichten Sie auf alles, was Sie ablenken könnte, legen Sie Ihr Handy weg und verlegen Sie dieses Zwiegespräch auf einen Zeitpunkt, an dem Sie von den Kindern nicht gestört werden können.

Selbstfürsorge von Kindern unterstützen

Die Selbstfürsorge von Ihren Kindern können Sie unterstützen, indem Ihre Kinder aktiv an gemeinsamen Familienaktivitäten teilnehmen und lernen, Verantwortung für ihr eigenes Wohlbefinden zu übernehmen. Es ist wichtig, dass Kinder frühzeitig die Bedeutung von Selbstfürsorge verstehen und gesunde Gewohnheiten entwickeln, die ihnen dabei helfen, körperlich, geistig und emotional gesund zu bleiben.

Die Selbstfürsorge ihrer Kinder ist ebenso wichtig wie ihre als Paar und umfasst mehrere Aspekte, darunter:

Körperliche Gesundheit: Achten Sie darauf, dass Ihre Kinder regelmäßig Sport treiben, ausgewogene Mahlzeiten zu sich nehmen und ausreichend schlafen. Dies hilft ihnen, fit und gesund zu bleiben und fördert ein gesundes Wachstum.

Emotionale Gesundheit: Ermutigen Sie Ihre Kinder, über ihre Gefühle zu sprechen, und bieten Sie ihnen Unterstützung und Verständnis an. Bringen Sie ihnen bei, wie sie mit schwierigen Gefühlen umgehen und Stress bewältigen können, zum Beispiel durch Entspannungstechniken oder Atemübungen.

Soziale Kompetenzen: Helfen Sie Ihren Kindern, starke soziale Kompetenzen zu entwickeln, indem Sie sie ermutigen, Freundschaften zu schließen und Konflikte auf gesunde Weise zu lösen. Dies kann dazu beitragen, ihr Selbstwertgefühl und ihre Fähigkeit, Beziehungen aufzubauen und aufrechtzuerhalten, zu stärken.

Kreativer Ausdruck: Fördern Sie die Kreativität Ihrer Kinder, indem Sie ihnen Möglichkeiten bieten, sich künstlerisch auszudrücken, sei es durch Malen, Zeichnen, Musizieren oder Schreiben. Kreativer Ausdruck kann helfen, Stress abzubauen und das emotionale Wohlbefinden zu fördern.

Zeitmanagement und Organisation: Bringen Sie Ihren Kindern bei, ihre Zeit effektiv zu nutzen und sich selbst zu organisieren. Dies kann ihnen helfen, Stress abzubauen, Prioritäten zu setzen und sich auf ihre Selbstfürsorge zu konzentrieren.

Selbstvertrauen: Helfen Sie Ihren Kindern, ein starkes Selbstvertrauen zu entwickeln, indem Sie ihre Stärken hervorheben und sie ermutigen, an sich selbst zu glauben. Ein gesundes Selbstvertrauen kann dazu beitragen, dass sie in der Lage sind, für sich selbst zu sorgen und sich in verschiedenen Lebenssituationen zurechtzufinden.

Wenn Sie Ihre Kinder in diese Aspekte der Selbstfürsorge einbeziehen und sie in ihren Bemühungen unterstützen, fördern Sie nicht nur ihr persönliches Wohlbefinden, sondern tragen auch dazu bei, dass die gesamte Familie von einer stärkeren und gesünderen Beziehungsdynamik profitiert.

Kapitel 7

Die Rolle der Eltern in einer Beziehung mit Kindern

Wie arbeitet man als Eltern erfolgreich zusammen?

Elterliche Zusammenarbeit bezieht sich auf die gemeinsame Anstrengung und Verantwortung, die beide Elternteile bei der Erziehung, Betreuung und Förderung ihrer Kinder übernehmen. Eine erfolgreiche Zusammenarbeit der Eltern zeichnet sich durch offene Kommunikation, gegenseitige Unterstützung, gemeinsame Entscheidungsfindung und Respekt aus.

Elternkooperation wird definiert als gemeinsames Handeln und Planen, um die bestmögliche Umgebung für die emotionale, soziale, kognitive und körperliche Entwicklung ihrer Kinder zu schaffen.

Worauf es bei der Zusammenarbeit der Eltern ankommt:

- Offene Kommunikation: Eine offene und ehrliche Kommunikation zwischen den Eltern ist entscheidend, um gemeinsame Ziele, Erwartungen und Grenzen festzulegen und potenzielle Konflikte oder Missverständnisse zu vermeiden.

- Gemeinsame Entscheidungsfindung: Beide Elternteile sollten an Entscheidungsprozessen beteiligt sein, die das Wohl ihrer Kinder betreffen, und dabei die Meinungen und Wünsche des anderen berücksichtigen.
- Respekt: Die Zusammenarbeit von Eltern erfordert, dass beide Partner den anderen respektieren und wertschätzen, einschließlich ihrer individuellen Fähigkeiten, Stärken und Meinungen.
- Flexibilität: Eltern müssen in der Lage sein, sich an Veränderungen anzupassen und Kompromisse einzugehen, um eine effektive Zusammenarbeit zu gewährleisten.
- Unterstützung: Beide Elternteile sollten sich gegenseitig unterstützen, sei es emotional, praktisch oder finanziell, um ein stabiles und liebevolles Umfeld für ihre Kinder zu schaffen.
- Konsistenz: Um Verwirrung oder Unsicherheit bei den Kindern zu vermeiden, ist es wichtig, dass beide Elternteile bei der Umsetzung von Regeln, Grenzen und Erziehungsstilen konsistent sind.

Offene Kommunikation, Respekt, gemeinsame Entscheidungsfindung, Flexibilität, Unterstützung und Beständigkeit sind wesentliche Aspekte einer erfolgreichen Zusammenarbeit von Eltern oder Paaren mit Kindern. Für das Kind bedeutet eine erfolgreiche Zusammenarbeit der Eltern, dass es in einer stabilen, liebevollen und unterstützenden Umgebung aufwachsen kann, in der seine Bedürfnisse und Interessen berücksichtigt werden. Dieses Umfeld trägt zu einer gesunden

Entwicklung des Kindes bei und fördert ein starkes Selbstwertgefühl, Selbstvertrauen und soziale Kompetenz.

Wenn es um die Rolle der Eltern geht, braucht ein Kind Beständigkeit, um sich psychisch gesund zu entwickeln. Schauen wir uns diesen Begriff etwas genauer an. Aus psychologischer Sicht bezieht sich Konsistenz auf die Beständigkeit und Vorhersehbarkeit des Verhaltens, der Regeln und der Erziehungsmethoden, die von den Eltern oder Betreuern angewandt werden. Ein konsistentes Umfeld ermöglicht es Kindern zu wissen, was von ihnen erwartet wird, und hilft ihnen, ein Verständnis für Grenzen, Regeln und angemessenes Verhalten zu entwickeln. Es geht um ein konstantes, dauerhaftes und widerspruchsfreies Verhalten der Eltern, das sicherstellt, dass sich die Kinder auf die Worte und Handlungen der Eltern verlassen können. Das gilt natürlich auch für die Paarbeziehung, wenn Sie sich als Paar aufeinander verlassen. Einige Beispiele aus der Praxis:

Lena und Tom, beide um die 20 Jahre alt, wurden unerwartet Eltern ihrer Tochter Mia. Trotz ihres jungen Alters und der anfänglichen Unsicherheit beschlossen sie, gemeinsam eine stabile und konsistente Umgebung für Mia zu schaffen. Sie setzten klare Regeln und Routinen, wie feste Schlafenszeiten, gemeinsame Mahlzeiten und sorgten für regelmäßige Familienaktivitäten. Als Mia älter wurde, lernte sie, wie wichtig es ist, anderen zuzuhören und auf ihre Bedürfnisse einzugehen. Sie entwickelte starke soziale Kompetenzen und hatte in der Schule viele Freunde. Durch die Konstanz und Unterstützung ihrer Eltern wuchs Mia zu einer selbstbewussten und einfühlsamen jungen Frau heran.

Sophie und Daniel, beide um die 30 Jahre alt, hatten bereits seit einigen Jahren eine feste Beziehung, als sie ihren Sohn Max bekamen. Obwohl sie beruflich sehr eingespannt waren, legten sie großen Wert darauf, dass Max in einem liebevollen und konsistenten Umfeld aufwuchs. Sie verbrachten viel Zeit miteinander und führten Familienrituale ein, wie gemeinsame Spieleabende und wöchentliche Ausflüge in die Natur. Max lernte schnell, wie wichtig Zusammenarbeit und Kommunikation sind, um Konflikte zu lösen und harmonische Beziehungen aufzubauen. In der Schule wurde er oft als Mediator eingesetzt und half seinen Mitschülern, Streitigkeiten beizulegen. Dank der konsistenten Erziehung seiner Eltern entwickelte Max ausgeprägte soziale Fähigkeiten und ein tiefes Verständnis für die Bedeutung von Empathie und Zusammenhalt.

Laura und Martin, beide um die 40 Jahre alt, hatten bereits zwei Kinder, als sie ihr drittes Kind, die kleine Emma, adoptierten. Sie waren sich der besonderen Herausforderungen bewusst, die eine Adoption mit sich bringen kann, und setzten daher auf Konstanz und Routine, um Emma in ihrer neuen Familie zu unterstützen. Sie stellten sicher, dass alle Familienmitglieder an gemeinsamen Aktivitäten teilnahmen und führten klare Regeln und Konsequenzen ein, die für alle Kinder galten. Emma fühlte sich schnell in ihrer neuen Familie wohl und lernte, sich auf ihre Eltern und Geschwister zu verlassen. Ihre sozialen Kompetenzen verbesserten sich deutlich, und sie konnte ihre Bindungsängste überwinden. Emma wurde in ihrer Schule als hilfsbereit und aufmerksam geschätzt und war stets bereit, anderen Kindern zu helfen. Durch die konstante Liebe und Unterstützung ihrer Eltern entwickelte sie ein starkes Selbstwertgefühl und ein ausgeprägtes Einfühlungsvermögen für die Bedürfnisse anderer.

Konsistenz hat mehrere positive Auswirkungen auf Kinder:

- Sicherheit und Geborgenheit: Wenn Kinder wissen, was sie von ihren Eltern oder Betreuern erwarten können, fühlen sie sich sicherer und geborgener. Sie lernen, dass ihre Umgebung verlässlich und stabil ist.
- Vertrauen: Konsistenz fördert das Vertrauen der Kinder in ihre Eltern oder Betreuer, da sie sich darauf verlassen können, dass diese verlässlich und vertrauenswürdig sind.
- Entwicklung sozialer Kompetenzen: Konsistente Regeln und Erwartungen helfen Kindern, angemessenes Verhalten und soziale Fähigkeiten zu erlernen. Sie wissen, was in verschiedenen Situationen erwartet wird und können diese Fähigkeiten auch in ihren zwischenmenschlichen Beziehungen anwenden.
- Selbstregulierung: Konsistenz unterstützt Kinder dabei, ihre Emotionen und Impulse besser zu regulieren. Sie lernen, Frustrationen zu bewältigen und angemessen mit herausfordernden Situationen umzugehen.
- Selbstwertgefühl: Ein konsistentes Umfeld hilft Kindern, ein gesundes Selbstwertgefühl aufzubauen. Sie wissen,

dass sie geliebt und geschätzt werden, und entwickeln ein Gefühl von Selbstvertrauen und Selbstachtung.

- Weniger Verhaltensprobleme: Konsistenz in der Erziehung kann dazu beitragen, Verhaltensprobleme zu reduzieren. Kinder, die wissen, was von ihnen erwartet wird und welche Konsequenzen ihr Verhalten hat, neigen weniger dazu, unangemessenes Verhalten zu zeigen.

Insgesamt fördert Konsistenz in der Erziehung eine gesunde psychologische und emotionale Entwicklung. Es ist wichtig, dass Eltern und Betreuer konsequent und verlässlich in ihrer Kommunikation, Regeln und Erwartungen sind, um eine stabile und unterstützende Umgebung für die Kinder zu schaffen.

Welche Rollenbilder sind praktikabel?

In einer Paarbeziehung können Eltern unterschiedliche Rollen einnehmen, die sich auf die Beziehung und die Erziehung der Kinder auswirken. Die Rollenverteilung kann von traditionell bis modern variieren und hängt von den individuellen Vorstellungen und Bedürfnissen der Partner ab. Hier einige Beispiele für unterschiedliche Rollenverteilungen:

Traditionelle Rollenverteilung: In diesem Modell übernimmt ein Elternteil, meist die Mutter, die Hauptverantwortung für die Betreuung und Erziehung der Kinder, während der andere

Elternteil, meist der Vater, die finanzielle Versorgung der Familie sicherstellt. Diese Rollenverteilung kann das Gefühl von Stabilität und Sicherheit vermitteln, kann jedoch auch dazu führen, dass sich einer oder beide Partner eingeschränkt oder überfordert fühlen. Wie sich diese Rollen auf die Beziehung auswirken, hängt von verschiedenen Faktoren ab, wie zum Beispiel den individuellen Bedürfnissen und Wertvorstellungen der Partner, der Kommunikation und dem Respekt innerhalb der Beziehung sowie der Fähigkeit, sich an Veränderungen anzupassen. Wichtig ist, dass beide Partner offen über ihre Erwartungen und Bedürfnisse sprechen und gemeinsam eine Rollenverteilung finden, die beide zufrieden stellt.

Egalitäre Rollenverteilung: Hier teilen sich die Eltern die Verantwortung für die Kinderbetreuung und die finanzielle Versorgung der Familie gleichmäßig auf. Beide Partner beteiligen sich aktiv an der Erziehung und teilen sich auch die Haushaltsaufgaben. Diese Rollenverteilung kann zu einer ausgewogenen und harmonischen Beziehung führen, in der beide Partner gleichermaßen an der Familienarbeit beteiligt sind.

Komplementäre Rollenverteilung: In diesem Modell ergänzen sich die Eltern in ihren Rollen, wobei jeder seine Stärken und Fähigkeiten einbringt. Die Rollen können je nach Situation und Bedürfnissen der Familie angepasst werden. Diese Flexibilität kann dazu beitragen, dass beide Partner sich unterstützt und wertgeschätzt fühlen.

Umgekehrte Rollenverteilung: Hier übernimmt der Vater die Hauptverantwortung für die Betreuung und Erziehung der Kinder, während die Mutter die finanzielle Versorgung der Familie sicherstellt. Dieses Modell kann dazu beitragen, Geschlechterstereotypen zu hinterfragen und neue Perspektiven auf die Rollenverteilung innerhalb der Familie zu ermöglichen.

Elternrolle und Digitalisierung

In einer sich ständig verändernden digitalen Welt sollten Eltern ein Rollenbild anstreben, das Anpassungsfähigkeit, Offenheit und Unterstützung fördert. Es ist wichtig, dass Eltern flexibel und anpassungsfähig sind, um mit dem raschen Wandel Schritt halten zu können. Durch ständige Weiterbildung und Offenheit gegenüber neuen Technologien können sie ihre Kinder besser auf die digitale Zukunft vorbereiten und ihnen helfen, kritisches Denken zu entwickeln. Offenheit gegenüber digitalen Technologien und die Bereitschaft, sie gemeinsam mit den Kindern zu erforschen, ist ebenfalls entscheidend. Eltern sollten ihre Kinder zu einem kreativen und verantwortungsbewussten Umgang mit digitalen Werkzeugen ermutigen und ihnen auch einen verantwortungsvollen Umgang mit persönlichen Informationen und Datenschutz vermitteln. Eine offene Kommunikation über die Chancen und Risiken der digitalen Welt kann dazu beitragen, ein gesundes Verhältnis zur Technologie aufzubauen und Kinder beim Erwerb digitaler Kompetenzen zu unterstützen.

Auch die Unterstützung der Kinder in ihrer digitalen Entwicklung ist von großer Bedeutung. Eltern sollten ihren Kindern helfen, sich in der digitalen Welt zurechtzufinden, indem sie beispielsweise gemeinsam Regeln für die Online-Sicherheit aufstellen, Pausen für die Nutzung der Technik einplanen und Medienkompetenz fördern. Durch die aktive Teilnahme am digitalen Leben ihrer Kinder können Eltern ein besseres Verständnis für die Herausforderungen und Chancen der digitalen Welt entwickeln und ihre Kinder effektiv unterstützen.

Ein weiterer wichtiger Aspekt ist die Vermittlung von Empathie und sozialen Kompetenzen in einer zunehmend digitalisierten Welt. Eltern sollten darauf achten, ihren Kindern beizubringen, wie man in digitalen Umgebungen respektvoll und einfühlsam miteinander umgeht, um gesunde und positive Beziehungen sowohl online als auch offline aufzubauen.

Insgesamt sollte das Rollenbild der Eltern in einer digitalen Zukunft auf Anpassungsfähigkeit, Offenheit und Unterstützung basieren. Durch aktive Beteiligung, offene Kommunikation und gezielte Unterstützung können Eltern ihren Kindern helfen, sich erfolgreich in einer digitalisierten Welt zurechtzufinden und sich zu selbstbewussten und verantwortungsvollen digitalen Bürgern zu entwickeln.

Damit Kinder ihre eigene Rolle in einer digital vernetzten Welt finden und sich sicher darin bewegen können, bedarf es konkreter Maßnahmen, die dies fördern:

1. Digitale Kompetenz fördern: Hilfe beim Erlernen der Nutzung digitaler Geräte, Anwendungen und Sicherheitspraktiken.

2. Offene Kommunikation: Regelmäßig über Technologie, Chancen und Risiken sprechen.

3. Medienkonsum begrenzen: Zeitliche Beschränkungen für den Gebrauch von digitalen Geräten festlegen.

4. Medienkompetenz fördern: Kritisches Denken und die Fähigkeit, Informationen und Quellen zu bewerten, vermitteln.

5. Gemeinsame Nutzung digitaler Technologien: Zusammen mit den Kindern digitale Medien und Aktivitäten erkunden.

6. Online-Sicherheit betonen: Regeln für sicheres Online-Verhalten aufstellen und Datenschutzpraktiken vermitteln.

7. Technologiepausen einplanen: Zeiten für gemeinsame Offline-Aktivitäten festlegen, um soziale Interaktionen und Beziehungen zu fördern.

8. Digitale Etikette lehren: Respektvolle und empathische Kommunikation in digitalen Umgebungen fördern.

9. Vorbild sein: Eigene digitale Gewohnheiten überprüfen und ein gutes Beispiel für verantwortungsbewussten Technologieeinsatz sein.

10. Unterstützung anbieten: Hilfe bei Problemen oder Fragen im Zusammenhang mit digitalen Medien und Technologien bereitstellen

Welche Rolle nimmt ein Gentleman ein?

Ein Gentleman im Umgang mit Kindern zeichnet sich durch Respekt, Höflichkeit, Einfühlungsvermögen und Rücksichtnahme aus. Die ideale Rolle hängt von den individuellen Vorstellungen, Bedürfnissen und Werten der Beteiligten ab.

Offene Kommunikation ist wichtig. Ein Gentleman sollte mit seiner Partnerin offen und ehrlich über seine Erwartungen, Wünsche und Bedenken bezüglich der Rollenverteilung sprechen und bereit sein, zuzuhören und die Perspektive der Partnerin zu berücksichtigen. Flexibilität ist ebenfalls wichtig, da ein Gentleman bereit sein sollte, seine Rolle in der Beziehung anzupassen und zu verändern, um den Bedürfnissen der Partnerin und der Familie gerecht zu werden. Dies kann bedeuten, traditionelle Geschlechterrollen in Frage zu stellen und neue Aufgaben und Verantwortlichkeiten zu übernehmen.

Ein Gentleman sollte mit seiner Partnerin zusammenarbeiten, um gemeinsame Entscheidungen zu treffen und eine ausgewogene und harmonische Beziehung aufzubauen. Dies kann die Planung gemeinsamer Aktivitäten, die Aufteilung der Hausarbeit oder die gemeinsame Kindererziehung umfassen. Unterstützung, sowohl emotional als auch praktisch, ist ebenfalls wichtig, um eine Atmosphäre der Sicherheit und Geborgenheit in der Beziehung zu schaffen.

Ein Gentleman respektiert die Wünsche und Bedürfnisse seiner Partnerin und achtet darauf, dass sie sich nicht überfordert oder vernachlässigt fühlt. Durch die Beachtung dieser Grundsätze kann ein Gentleman eine angemessene Rolle in der Beziehung finden, die sowohl seinen eigenen Bedürfnissen als auch denen seiner Partnerin gerecht wird.

Die Bedeutung von Rollenverteilung in der Familie

Eine klare Rollenverteilung in der Familie kann für Kinder von Vorteil sein, da sie Struktur, Stabilität und Vorhersehbarkeit bietet. Wenn Kinder wissen, was von jedem Familienmitglied erwartet wird und wer für bestimmte Aufgaben zuständig ist, können sie sich sicherer und geborgener fühlen. Eine klare Rollenverteilung kann auch dazu beitragen, dass Aufgaben und Verantwortlichkeiten effizient erledigt werden und das Familienleben harmonischer verläuft.

Die optimale Rollenverteilung für Kinder hängt von verschiedenen Faktoren wie der individuellen Familiendynamik, den Bedürfnissen der Kinder und den persönlichen Vorstellungen und Werten der Eltern ab. Generell ist es wichtig, dass Kinder in einer Umgebung aufwachsen, in der sie sich geliebt und unterstützt fühlen und in der ihre Bedürfnisse berücksichtigt werden.

Grenzen und Regeln setzen: Warum ist das relevant?

Eltern haben die Aufgabe, ihren Kindern Grenzen zu setzen und ihnen Regeln beizubringen. Grenzen und Regeln helfen Kindern, ein Gefühl von Sicherheit und Stabilität zu entwickeln. Sie lernen, was akzeptables Verhalten ist, und wie sie in verschiedenen Situationen angemessen handeln können. Außerdem ermöglichen Grenzen und Regeln den Kindern, ihre sozialen Fähigkeiten zu entwickeln, indem sie lernen, sich in Gruppen einzufügen, Konflikte zu lösen und auf die Bedürfnisse anderer Rücksicht zu nehmen.

Regeln und Grenzen bieten Kindern Struktur und Sicherheit, da sie wissen, was von ihnen erwartet wird und welche Konsequenzen ihr Verhalten hat. Dies kann dazu beitragen, dass sie sich in ihrer Umgebung wohler und sicherer fühlen. Indem sie lernen, sich an Regeln zu halten und Grenzen zu respektieren, entwickeln Kinder auch ihre sozialen Fähigkeiten und lernen, respektvoll und rücksichtsvoll mit anderen umzugehen. Dies ist besonders wichtig, da soziale Kompetenz ein entscheidender Faktor für den Erfolg im späteren Leben ist.

Regeln und Grenzen können jedoch auch negative Auswirkungen haben, wenn sie zu streng oder inkonsequent durchgesetzt werden. Zu strenge Regeln können die Kreativität und Selbstständigkeit von Kindern einschränken, während inkonsequente Durchsetzung von Regeln zu Verwirrung und Unsicherheit führen kann. Daher ist es wichtig, dass Eltern einen ausgewogenen Ansatz bei der Festlegung und Durchsetzung von Regeln und Grenzen verfolgen, der sowohl Struktur als auch Raum für die individuelle Entwicklung der Kinder bietet. Die Unterschiede im Umgang mit Regeln und Grenzen können auf verschiedene Faktoren zurückgeführt werden, wie zum Beispiel individuelle Persönlichkeitsmerkmale, Erziehungsstile und kulturelle Unterschiede. Einige Menschen sind von Natur aus eher regelkonform und angepasst, während andere einen stärkeren Drang nach Unabhängigkeit und Autonomie haben. Darüber hinaus können verschiedene Erziehungsstile und kulturelle Normen dazu führen, dass Menschen unterschiedliche Ansichten darüber haben, welche Regeln wichtig sind und welche nicht.

Insgesamt haben Regeln und Grenzen eine wichtige Bedeutung in der Kindererziehung. Sie tragen zur Entwicklung von sozialen Fähigkeiten, Struktur und Sicherheit bei, aber es ist wichtig, dass sie in einer ausgewogenen und konsequenten Weise durchgesetzt werden. Eltern sollten darauf achten, den individuellen Bedürfnissen und Persönlichkeiten ihrer Kinder Rechnung zu tragen, um sicherzustellen, dass die festgelegten Regeln und Grenzen sowohl für die Kinder als auch für die gesamte Familie förderlich sind.

Ein ausgewogener Ansatz bei der Festlegung von Regeln und Grenzen beinhaltet, dass Eltern klare Erwartungen an ihre Kinder kommunizieren und ihnen die Gründe für die Regeln erklären. Auf diese Weise lernen Kinder, die Bedeutung von Regeln zu verstehen und sie nicht als willkürlich oder ungerecht zu empfinden. Gleichzeitig sollten Eltern bereit sein, ihre Regeln und Grenzen gegebenenfalls anzupassen, um den individuellen Bedürfnissen und Entwicklungsstufen ihrer Kinder gerecht zu werden.

Ein weiterer wichtiger Aspekt bei der Durchsetzung von Regeln und Grenzen ist die Konsequenz. Wenn Kinder wissen, dass ihre Eltern konsequent bei der Durchsetzung von Regeln sind, werden sie eher bereit sein, diese Regeln einzuhalten und die damit verbundenen Grenzen zu akzeptieren. Inkonsequenz kann hingegen zu Verwirrung und Unsicherheit führen und es für Kinder schwieriger machen, die Bedeutung von Regeln und Grenzen zu erkennen.

Schließlich sollten Eltern auch darauf achten, ihren Kindern genügend Freiraum und Autonomie zu geben, um ihre Kreativität, Selbstständigkeit und Problemlösungsfähigkeiten zu fördern. Während Regeln und Grenzen wichtig sind, um Struktur und Sicherheit zu bieten, ist es ebenso wichtig, dass Kinder die Möglichkeit haben, ihre eigenen Entscheidungen zu treffen und aus ihren Erfahrungen zu lernen.

Regeln und Grenzen sind also ein unverzichtbarer Bestandteil der Kindererziehung. Sie bieten Struktur, Sicherheit und Orientierung und tragen zur Entwicklung sozialer Fähigkeiten bei. Gleichzeitig ist es wichtig, dass Eltern einen ausgewogenen und konsequenten Ansatz bei der Festlegung und Durchsetzung von Regeln und Grenzen verfolgen, um den individuellen Bedürfnissen ihrer Kinder gerecht zu werden und ihre Entwicklung zu fördern.

Wenn Eltern ihren Kindern keine Grenzen setzen, kann dies zu verschiedenen negativen Auswirkungen führen. Ein Mangel an Struktur und Regeln kann die Entwicklung von Kindern in verschiedenen Bereichen beeinträchtigen und sowohl kurz- als auch langfristige Folgen haben.

- Mangel an Selbstkontrolle und Disziplin: Wenn Kinder keine klaren Grenzen und Regeln haben, fällt es ihnen schwerer, Selbstkontrolle und Disziplin zu entwickeln. Sie können impulsiver handeln und Schwierigkeiten haben, ihre Emotionen und Verhaltensweisen zu regulieren.
- Probleme bei der sozialen Anpassung: Ohne Grenzen können Kinder Schwierigkeiten haben, sich in sozialen Situationen zurechtzufinden. Sie lernen möglicherweise nicht, wie sie sich angemessen verhalten, respektvoll mit anderen umgehen und Rücksicht auf deren Bedürfnisse nehmen sollen. Das kann dazu führen, dass sie in der Schule oder in anderen sozialen Umgebungen Probleme bekommen.
- Geringes Selbstwertgefühl: Kinder, die ohne Grenzen aufwachsen, können ein geringes Selbstwertgefühl entwickeln, da sie möglicherweise das Gefühl haben, dass ihre Eltern ihnen nicht genügend Aufmerksamkeit schenken oder sich nicht ausreichend um sie kümmern.
- Abhängigkeit und mangelnde Selbstständigkeit: Wenn Eltern keine Grenzen setzen, kann das dazu führen, dass Kinder Schwierigkeiten haben, Selbstständigkeit und Unabhängigkeit zu entwickeln. Sie könnten übermäßig abhängig von ihren Eltern oder anderen Menschen werden,

weil sie nicht gelernt haben, Entscheidungen selbstständig zu treffen und Verantwortung für ihr Handeln zu übernehmen.

- Risikoverhalten: Ohne klare Grenzen und Regeln könnten Kinder eher dazu neigen, risikoreiches Verhalten zu zeigen, wie zum Beispiel Drogenkonsum, Alkoholmissbrauch oder ungeschützter Geschlechtsverkehr. Sie haben möglicherweise nicht gelernt, die Konsequenzen ihres Handelns zu bedenken und verantwortungsbewusste Entscheidungen zu treffen.

Kapitel 8

Gemeinsamkeiten in einer Beziehung mit Kindern

Warum gemeinsame Interessen wichtig sind

In einer Paarbeziehung mit Kindern spielen Gemeinsamkeiten eine entscheidende Rolle für ein harmonisches Familienleben. Wenn Sie als Eltern gemeinsame Interessen, Werte und Ziele haben, wirkt sich das positiv auf Ihre Beziehung und das Wohlbefinden Ihrer Kinder aus.

Gemeinsamkeiten schaffen eine solide Basis für eine starke Partnerschaft. Sie helfen Ihnen, ein tiefes Verständnis füreinander zu entwickeln und gemeinsame Projekte und Aktivitäten zu planen. Diese Gemeinsamkeiten helfen Ihnen, sich als Paar näher zu fühlen und als Team zusammenzuarbeiten, um die Herausforderungen des Familienlebens gemeinsam zu meistern.

Ein grundlegender Vorteil von Gemeinsamkeiten in einer Paarbeziehung mit Kindern ist die Fähigkeit, gemeinsam Entscheidungen zu treffen und Probleme zu lösen. Wenn Sie ähnliche Vorstellungen davon haben, wie Sie Ihre Kinder erziehen wollen und welche Werte und Regeln in Ihrer Familie gelten sollen, fällt es Ihnen leichter, konstruktive Lösungen für auftretende Probleme zu finden und Ihre Kinder konsequent und liebevoll zu erziehen.

Ihre Kinder profitieren von den gemeinsamen Visionen und Interessen, die Sie als Eltern teilen. Sie erleben ein harmonisches Zuhause, in dem sie sich sicher und geborgen fühlen. Wenn Sie als Eltern vorleben, wie man zusammenarbeitet und sich gegenseitig unterstützt, lernen Ihre Kinder wichtige soziale Fähigkeiten, die ihnen helfen, in der Schule und im späteren Leben erfolgreich zu sein.

Die Zeit, die Sie als Familie miteinander verbringen, trägt auch dazu bei, Ihre Beziehung zu stärken. Wenn Sie gemeinsame Hobbys und Interessen haben, können Sie als Familie gemeinsam aktiv sein und wertvolle Erinnerungen schaffen. Dies stärkt nicht nur die Bindung zwischen Ihnen und Ihren Kindern, sondern auch zwischen Ihnen als Paar.

Obwohl Gemeinsamkeiten in einer Paarbeziehung wichtig sind, können auch Unterschiede zwischen den Partnern wertvoll und bereichernd sein. Sie bringen Abwechslung in die Beziehung und ermöglichen es Ihnen, voneinander zu lernen und sich gegenseitig zu inspirieren.
Um jedoch das Beste aus Ihren Gemeinsamkeiten und Unterschieden herauszuholen, ist es wichtig, offen miteinander zu

kommunizieren und Verständnis füreinander zu entwickeln. Respektieren Sie die Individualität des anderen und schaffen Sie einen Raum, in dem Sie beide Ihre Meinungen, Wünsche und Sorgen äußern können. So können Sie Ihren Kindern ein gutes Vorbild sein.

Werte und Leitsätze kurz erklärt

Werte und Leitsätze sind zwei Konzepte, die oft in Zusammenhang mit der Erziehung von Kindern und der Gestaltung von Familienbeziehungen genannt werden.

Werte sind grundlegende Überzeugungen und Prinzipien, die uns dabei helfen, zu entscheiden, was für uns wichtig ist und wie wir uns in verschiedenen Lebenssituationen verhalten sollen. Sie sind tief verwurzelt in unserer Persönlichkeit und beeinflussen unsere Entscheidungen, unser Handeln und unsere Lebensziele. Beispiele für Werte sind Ehrlichkeit, Respekt, Fürsorge und Verantwortungsbewusstsein.

Leitsätze hingegen sind konkrete Aussagen oder Richtlinien, die aus unseren Werten abgeleitet werden und uns dabei helfen, diese Werte im Alltag umzusetzen. Sie dienen als Handlungsanweisungen und Orientierungshilfen, die uns bei der Erziehung unserer Kinder und in anderen Lebensbereichen unterstützen. Ein Beispiel für einen Leitsatz könnte sein: „Wir hören einander zu und sprechen respektvoll miteinander."

Der Hauptunterschied zwischen Werten und Leitsätzen besteht darin, dass Werte abstrakter und allgemeiner sind, während Leitsätze konkrete Handlungsempfehlungen bieten, die auf den zugrunde liegenden Werten basieren.

In einer Beziehung mit Kindern können sowohl Werte als auch Leitsätze hilfreich sein. Gemeinsame Werte bieten Ihnen und Ihrem Partner eine solide Grundlage für die Erziehung Ihrer Kinder und die Gestaltung Ihres Familienlebens. Sie helfen Ihnen, Prioritäten zu setzen und Entscheidungen zu treffen, die im Einklang mit Ihren Überzeugungen und Zielen stehen. Leitsätze können dazu beitragen, diese Werte in die Praxis umzusetzen und ein konsistentes, vorhersehbares Umfeld für Ihre Kinder zu schaffen.

Es gibt jedoch auch Nachteile von Leitsätzen, die in Betracht gezogen werden sollten. Zum einen besteht die Gefahr, dass Leitsätze zu starr und unflexibel angewendet werden. Es ist wichtig, dass Sie bereit sind, Ihre Leitsätze gegebenenfalls anzupassen und zu überdenken, um den individuellen Bedürfnissen und Entwicklungsstufen Ihrer Kinder gerecht zu werden. Ein weiterer Nachteil von Leitsätzen ist, dass sie manchmal als dogmatisch oder autoritär empfunden werden können. In solchen Fällen kann es hilfreich sein, den Dialog mit Ihren Kindern zu suchen und ihnen die Gründe für die Leitsätze zu erklären. Auf diese Weise können Sie ein besseres Verständnis für die Bedeutung der Leitsätze schaffen und verhindern, dass sie als willkürlich oder ungerecht wahrgenommen werden.

Werte als auch Leitsätze spielen eine wichtige Rolle bei der Erziehung von Kindern und der Gestaltung von Familienbeziehungen. Gemeinsame Werte schaffen ein solides Fundament für die Erziehung Ihrer Kinder und die Gestaltung Ihres Familienlebens, während Leitsätze dazu beitragen, diese Werte im Alltag umzusetzen.

Wie man gemeinsame Interessen findet

Als Paar gemeinsame Interessen und Werte für eine sinnvolle Kindererziehung und Familienplanung zu finden, ist entscheidend für ein intaktes und lebendiges Familienleben. Um dies zu erreichen, sollten Sie offen miteinander kommunizieren, gemeinsame Aktivitäten ausprobieren und sich Zeit nehmen, über Ihre individuellen und gemeinsamen Werte nachzudenken. Finden Sie hier Tipps und praktische Maßnahmen, die Ihnen helfen können, gemeinsame Interessen und Werte zu finden:

Offene Kommunikation: Sprechen Sie offen und ehrlich über Ihre individuellen Interessen, Werte und Vorstellungen bezüglich der Kindererziehung und Familienplanung. Diskutieren Sie Ihre Erwartungen und teilen Sie Ihre Erfahrungen und Überzeugungen miteinander. Das schafft Verständnis und fördert die Bereitschaft, Kompromisse einzugehen.

Gemeinsame Aktivitäten: Unternehmen Sie regelmäßig gemeinsame Aktivitäten, um herauszufinden, welche Hobbys und Interessen Sie teilen. Dies kann ein gemeinsamer Koch-abend, ein Spaziergang in der Natur oder ein Besuch im Museum sein. Durch gemeinsame Aktivitäten lernen Sie nicht nur mehr über die Interessen des anderen, sondern stärken auch Ihre Bindung als Paar.

Werte-Workshop: Nehmen Sie sich Zeit, um gemeinsam über Ihre Werte und Prioritäten nachzudenken. Sie können dies zum Beispiel in Form eines "Werte-Workshops" tun, bei dem Sie zusammen eine Liste Ihrer persönlichen Werte erstellen und diese dann miteinander vergleichen. Diskutieren Sie, welche Werte für Sie beide besonders wichtig sind und wie Sie diese in Ihrer Beziehung und Erziehung umsetzen möchten.

Regelmäßige Check-ins: Planen Sie regelmäßige Gespräche, bei denen Sie über Ihre Beziehung, Ihre gemeinsamen Interessen und Werte sowie Ihre Fortschritte in der Kindererziehung und Familienplanung sprechen. Diese Check-ins helfen Ihnen, auf dem Laufenden zu bleiben und eventuelle Probleme oder Bedenken rechtzeitig anzusprechen.

Bildung und Weiterbildung: Besuchen Sie gemeinsam Workshops, Kurse oder Seminare, die sich mit Themen wie Kommunikation, Konfliktlösung, Erziehung oder Familienplanung befassen. Diese Angebote können Ihnen neue Perspektiven und Ideen bieten, die Ihnen helfen, Ihre gemeinsamen Interessen und Werte weiterzuentwickeln.

Unterstützung von außen: Holen Sie sich bei Bedarf Unterstützung von Freunden, Familie oder professionellen Beratern. Manchmal kann eine neutrale Perspektive dabei helfen, gemeinsame Interessen und Werte zu erkennen oder neue Lösungen für bestehende Herausforderungen zu finden.

Die Bedeutung von Zeit für ein Paar mit Kindern

Zeit ist eine entscheidende Ressource für die Beziehung von Paaren mit Kindern, da sie sowohl für die Beziehung zwischen den Eltern als auch für die Erziehung der Kinder und die Organisation des Familienlebens von großer Bedeutung ist. Zeit spielt in verschiedenen Aspekten des Familienlebens eine wichtige Rolle. Gemeinsam verbrachte Zeit ist entscheidend für den Aufbau und die Aufrechterhaltung einer starken emotionalen Bindung zwischen Eltern und Kindern. Diese Bindung ist die Grundlage für eine gesunde Erziehung und bietet den Kindern Sicherheit und Geborgenheit. Ebenso wichtig ist es, dass Paare Zeit für sich als Paar finden, um ihre Beziehung zu pflegen und eine starke Partnerschaft aufrechtzuerhalten.
Wenn Sie sich Zeit nehmen, um miteinander über Ihre Gefühle, Bedürfnisse, Sorgen und Pläne zu sprechen, können Sie als Elternpaar Missverständnisse vermeiden, Konflikte lösen und eine stärkere Bindung zueinander aufbauen.

Eltern müssen sich die Zeit nehmen, ihren Kindern zuzuhören, ihre Bedürfnisse zu erkennen und angemessen darauf zu reagieren. Zeit zu investieren, um den Kindern Werte und Fertigkeiten zu vermitteln, ist ebenfalls wichtig für ihre Entwicklung und ihr Wohlbefinden. Zeit für gemeinsame Familienaktivitäten zu haben, trägt zu einer positiven Atmosphäre im Familienleben bei. Diese Aktivitäten können dazu beitragen, das Zusammengehörigkeitsgefühl zu stärken, gemeinsame Erinnerungen zu schaffen und den Kindern eine ausgewogene Entwicklung zu ermöglichen.

Eltern sollten auch Zeit für sich selbst einplanen, um ihren eigenen Bedürfnissen gerecht zu werden und sich um ihr eigenes Wohlbefinden zu kümmern. Dies ist notwendig, um Burnout oder Erschöpfung zu vermeiden und als Eltern und Partner bestmöglich zu funktionieren.

Zeit ist für Familien mit Kindern leider eine begrenzte Ressource, die sinnvoll und bewusst eingesetzt werden muss. Dies gilt insbesondere für Familien, in denen beide Elternteile erwerbstätig sind oder für Familien mit alleinerziehenden Elternteilen.

Kapitel 9

Wann macht eine Beziehung keinen Sinn mehr

Beziehung zu Ende? Faktoren die darauf hindeuten

Es gibt keine allgemeingültige Antwort auf die Frage, ab wann eine Beziehung mit oder ohne Kinder als gescheitert gilt und es keinen Sinn mehr macht, sie aufrechtzuerhalten. Jede Beziehung ist individuell, und was für ein Paar funktioniert, muss für ein anderes Paar nicht funktionieren. Es gibt eindeutige Faktoren, die darauf hindeuten können, dass eine Beziehung nicht mehr zu retten ist. Wenn die folgenden Faktoren in einer Beziehung auftreten, kann dies ein Hinweis darauf sein, dass es größere Probleme gibt, die eine Paarbeziehung mit Kindern gefährden.

Chronische Unzufriedenheit: Wenn beide Partner dauerhaft unglücklich sind und keine Hoffnung oder Motivation haben, die Situation zu verbessern, kann dies ein Zeichen dafür sein, dass die Beziehung möglicherweise nicht mehr funktioniert.

Fehlende Kommunikation: Wenn die Kommunikation zwischen den Partnern vollständig zusammengebrochen ist und es keine Bemühungen gibt, diese wiederherzustellen, kann dies ein Hinweis darauf sein, dass die Beziehung zerrüttet ist.

Respektlosigkeit: Wenn einer oder beide Partner respektlos miteinander umgehen, sei es durch verbale oder körperliche Aggression, kann dies darauf hindeuten, dass die Beziehung nicht mehr tragfähig ist.

Untreue: Wiederholte Untreue oder das Unvermögen, Vertrauen wiederherzustellen, kann ein Anzeichen dafür sein, dass eine Beziehung nicht mehr funktioniert. Ist das Vertrauen eines Partners dadurch gestört, gibt es oft kein Zurück mehr.

Unvereinbare Ziele und Werte: Wenn die Partner grundlegend unterschiedliche Vorstellungen von der Zukunft haben und keine Kompromisse eingehen können, kann dies darauf hindeuten, dass die Beziehung nicht mehr tragfähig ist.

Gefühl von Hoffnungslosigkeit: Wenn beide Partner das Gefühl haben, dass es keine Hoffnung auf Verbesserung gibt und sie keine Energie mehr in die Beziehung investieren möchten, kann dies ein Zeichen dafür sein, dass die Beziehung zerrüttet ist.

Gestörte oder nicht mehr vorhandene Sexualität: Wenn mindestens einer der beiden Partner Wert auf eine lebendige Sexualität legt und diese aus verschiedenen Gründen gestört ist oder keine Rolle mehr spielt, fehlt möglicherweise ein wichtiger Aspekt für die Paarbeziehung.

Respektlosigkeit und Gewalt: Leider kommt es in einer Paarbeziehung heute immer noch zu unvereinbaren Respektlosigkeiten mit seelischer oder körperlicher Gewalt. Psychische Gewalt ist nicht zu unterschätzen, auch wenn das „unsichtbar" ist. Sie kann genauso wie physische Gewalt gravierende nachteilige Auswirkungen auf die Gesundheit haben.
In diesen Fällen ist schnelle Hilfe erforderlich, um dem sofort ein Ende zu setzen.

Wann ist die Sexualität bei einem Paar gestört?

Sexualität ist ein wichtiger Aspekt einer Paarbeziehung, und sexuelle Probleme können sich negativ auf die Beziehung und das emotionale Wohlbefinden der Partner auswirken. Eine gestörte Sexualität kann durch verschiedene Faktoren verursacht werden und unterschiedliche Formen annehmen. Hier sind einige Anzeichen dafür, dass die Sexualität in einer Beziehung möglicherweise gestört ist:

- Mangel an sexuellem Verlangen: Wenn einer oder beide Partner kein sexuelles Verlangen verspüren oder das Interesse an Sex drastisch abgenommen hat, kann dies auf eine gestörte Sexualität hindeuten.

- Schwierigkeiten bei der sexuellen Erregung: Wenn einer oder beide Partner Probleme haben, sexuell erregt zu werden oder ihre Erregung aufrechtzuerhalten, kann dies ein Anzeichen für eine gestörte Sexualität sein.
- Sexuelle Schmerzen: Schmerzen oder Unbehagen während des Geschlechtsverkehrs können ebenfalls auf eine gestörte Sexualität hinweisen. Dies kann sowohl körperliche als auch psychische Ursachen haben.
- Orgasmusprobleme: Wenn einer oder beide Partner Schwierigkeiten haben, einen Orgasmus zu erreichen oder eine veränderte Qualität des Orgasmus erleben, kann dies ebenfalls auf eine gestörte Sexualität hindeuten.
- Sexuelle Ängste und Hemmungen: Ängste und Hemmungen in Bezug auf Sex, wie zum Beispiel Leistungsangst oder Angst vor Intimität, können ebenfalls zu einer gestörten Sexualität führen.
- Negative emotionale Reaktionen auf Sex: Wenn einer oder beide Partner negative emotionale Reaktionen auf Sex haben, wie Schuldgefühle, Scham oder Angst, kann dies ebenfalls ein Anzeichen für eine gestörte Sexualität sein.

Wenn Sie den Verdacht haben, dass die Sexualität in Ihrer Beziehung gestört sein könnte, ist es wichtig, offen und ehrlich mit Ihrem Partner über Ihre Gefühle und Bedenken zu sprechen. Gemeinsam können Sie mögliche Ursachen identifizieren und nach Lösungen suchen. In einigen Fällen kann es hilfreich sein, professionelle Hilfe in Anspruch zu nehmen, beispielsweise durch eine Sexualtherapie oder Paarberatung, um die zugrunde liegenden Probleme anzugehen und Ihre sexuelle Beziehung wieder aufzubauen.

Sexuelle Probleme in Beziehungen sind keine Seltenheit und viele Paare werden im Laufe ihrer Beziehung mit sexuellen Schwierigkeiten konfrontiert. Eine offene Kommunikation, gegenseitiges Verständnis und der Wunsch, gemeinsam an Lösungen zu arbeiten, sind entscheidend, um eine gestörte Sexualität zu überwinden und eine erfüllende sexuelle Beziehung aufrechtzuerhalten.

Gewalt ist immer inakzeptabel

Gewalt in einer Beziehung ist absolut inakzeptabel und sollte niemals toleriert werden. Wenn Sie selbst oder jemand, den Sie kennen, von Gewalt in einer Beziehung betroffen ist, ist es wichtig, sofort Maßnahmen zu ergreifen, um sich selbst oder die betroffene Person zu schützen. Hier sind einige Schritte, die Sie unternehmen können:

1. Erkennen Sie die Gewalt: Der erste Schritt besteht darin, die Situation als gewalttätig anzuerkennen. Gewalt kann viele Formen annehmen, einschließlich körperlicher, emotionaler, sexueller und finanzieller Gewalt. Akzeptieren Sie, dass dies keine normalen oder akzeptablen Verhaltensweisen in einer Beziehung sind.
2. Suchen Sie Unterstützung: Sprechen Sie mit jemandem, dem Sie vertrauen, wie einem Freund, Familienmitglied

oder Kollegen, und teilen Sie Ihre Erfahrungen mit ihnen. Sie können Ihnen helfen, die Situation zu bewerten und die nächsten Schritte zu planen.

3. Entwickeln Sie einen Sicherheitsplan: Erstellen Sie einen Plan, um sich selbst und etwaige Kinder in Sicherheit zu bringen, wenn die Gewalt eskaliert. Dies kann beinhalten, einen sicheren Ort zu identifizieren, an dem Sie sich aufhalten können, wichtige Dokumente und persönliche Gegenstände griffbereit zu haben und zu wissen, wie Sie in einer Notsituation Unterstützung erhalten können.

4. Kontaktieren Sie professionelle Hilfe: Wenden Sie sich an lokale Organisationen oder Hotlines, die sich auf häusliche Gewalt spezialisiert haben. Sie können Ihnen helfen, die Situation besser zu verstehen, Ressourcen zur Verfügung zu stellen und Sie bei der Entwicklung eines Sicherheitsplans zu unterstützen.

5. Anzeige erstatten: Wenn Sie sich dazu in der Lage fühlen, erstatten Sie Anzeige bei der Polizei. Häusliche Gewalt ist ein Verbrechen und sollte als solches behandelt werden.

6. Trennen Sie sich, wenn möglich: In vielen Fällen ist es am besten, sich von Ihrem gewalttätigen Partner zu trennen, um Ihre eigene Sicherheit und das Wohlbefinden sicherzustellen. Suchen Sie professionelle Hilfe, um diesen Prozess so sicher wie möglich zu gestalten.

7. Selbstfürsorge und Heilung: Gewalt in einer Beziehung kann langfristige Auswirkungen auf Ihr emotionales und körperliches Wohlbefinden haben. Suchen Sie professionelle Hilfe, wie Psychotherapie oder Selbsthilfegruppen, um den Heilungsprozess zu unterstützen.

Gewalt in einer Beziehung ist niemals die Schuld des Opfers und niemand hat es verdient, misshandelt zu werden. Der Schutz Ihrer eigenen Sicherheit und die Suche nach Hilfe sind entscheidend, um die Gewalt zu stoppen und den Heilungsprozess zu beginnen. Ein Gentleman setzt sich vom Grunde seines Wertesystems und seiner persönlichen Ausrichtung gegen Gewalt in jeder Form ein. Wenn er jedoch sieht, dass es in seinem Umfeld zu Gewalt in einer Beziehung kommt, greift er sofort beherzt und mit Konsequenz ein. Er bietet in solchen Fällen seine Unterstützung an und stellt sich vor Schwächere, steht aber auch für sich selbst ein, wenn er selbst Opfer von seelischer oder körperlicher Gewalt in einer Beziehung ist.

Bevor Sie den Schluss ziehen, dass Ihre Beziehung zerrüttet ist und es keinen Sinn mehr macht, sie aufrechtzuerhalten, ist es wichtig, alle Optionen zur Verbesserung der Situation in Betracht zu ziehen. Dazu kann gehören:

Ehrliche Gespräche führen: Reden Sie offen und ehrlich miteinander über Ihre Gefühle, Bedenken und Wünsche für die Zukunft.

Paartherapie: Eine Paartherapie kann dazu beitragen, Kommunikationsprobleme zu lösen, Vertrauen wieder aufzubauen und neue Perspektiven für die Beziehung zu entwickeln.

Zeit für sich selbst und die Beziehung: Gönnen Sie sich Zeit für sich selbst und für gemeinsame Aktivitäten als Paar, um die Verbindung zueinander zu stärken.

Unterstützung von Freunden und Familie: Holen Sie sich Rat und Unterstützung von Personen, denen Sie vertrauen und die Sie in dieser schwierigen Zeit unterstützen können. Achten Sie aber darauf, dass Sie mit Personen sprechen, die Ihrer Partnerin wohlgesonnen sind. Schlechte Berater, die nur ihre eigenen Interessen vertreten oder mit Ihrer Partnerin noch eine Rechnung offen haben, sollten Sie ausschließen.

Das Wohl der Kinder sollte in solchen Situationen Vorrang haben. Eine Entscheidung über die Fortsetzung der Beziehung sollte immer im besten Interesse der Kinder getroffen werden. In manchen Fällen kann es für die Kinder besser sein, dass die Eltern getrennt leben und eine friedliche und liebevolle Umgebung schaffen, als dass sie in einer zerrütteten Beziehung zusammenbleiben, in der Konflikte und Spannungen vorherrschen. Eine Trennung oder Scheidung sollte jedoch immer als letztes Mittel in Betracht gezogen werden, nachdem alle anderen Möglichkeiten zur Verbesserung der Beziehung ausgeschöpft wurden. Es ist wichtig, sich daran zu erinnern, dass Trennungen auch negative Auswirkungen auf die Kinder haben können und dass es daher ratsam ist, alle verfügbaren Ressourcen und Unterstützungsmöglichkeiten zu nutzen, um eine informierte Entscheidung zu treffen.

Wenn Sie sich dafür entscheiden, die Beziehung zu beenden, sollten Sie darauf achten, die Trennung so reibungslos und konfliktfrei wie möglich zu gestalten, um den emotionalen Stress für die Kinder zu minimieren. Offene Kommunikation, Zusammenarbeit und ein gemeinsamer Fokus auf das Wohl der Kinder sind entscheidend, um sicherzustellen, dass sie sich weiterhin geliebt und unterstützt fühlen, auch wenn ihre Eltern getrennte Wege gehen.

Liebes- und Kommunikationsentzug ist grausam

Liebes- und/oder Kommunikationsentzug sind zwei Verhaltensweisen, die in Beziehungen auftreten können und leider oft als Mittel zur Kontrolle oder Bestrafung eingesetzt werden. Diese Entzugsmethoden können schwerwiegende psychologische Auswirkungen auf beide Partner in der Beziehung haben und zu Frustration, Machtlosigkeit und sogar dem Zusammenbruch der Beziehung führen.

Liebesentzug bezieht sich auf das bewusste oder unbewusste Zurückhalten von Zuneigung, Aufmerksamkeit und emotionaler Unterstützung. Partner, die Liebesentzug als Mittel einsetzen, tun dies oft aus einer Vielzahl von Gründen, einschließlich Unsicherheit, Kontrollbedürfnis, Angst vor Intimität oder als Reaktion auf wahrgenommene Bedrohungen oder Verletzungen innerhalb der Beziehung.

Kommunikationsentzug hingegen bezieht sich auf das Verweigern oder Vermeiden von Kommunikation, das Ignorieren von Bedürfnissen und das absichtliche Schweigen oder passive-aggressive Verhalten. Diese Art des Entzugs kann dazu verwendet werden, den anderen Partner zu bestrafen, zu manipulieren oder um die eigene Verletzlichkeit zu verbergen.

Beide Entzugsformen können schwerwiegende Folgen für die Beziehung und das Wohlbefinden der beteiligten Partner haben, insbesondere in Beziehungen mit Kindern, wo eine stabile und unterstützende Umgebung für das Wachstum und die Entwicklung der Kinder wichtig ist.

Ein Hauptgrund, warum Partner in einer Beziehung Liebes- oder Kommunikationsentzug einsetzen, ist das Bedürfnis nach Kontrolle. Wenn sich ein Partner in der Beziehung unsicher oder bedroht fühlt, kann er versuchen, die Situation zu kontrollieren, indem er die Zuneigung oder Kommunikation mit dem anderen Partner zurückhält. Auf diese Weise können sie sich mächtiger oder sicherer fühlen, indem sie den anderen Partner in einem Zustand der Unsicherheit und Verwirrung halten.

Ein weiterer psychologischer Faktor hinter dem Einsatz von Entzugsmethoden ist die Angst vor Intimität. Manche Menschen haben Schwierigkeiten, sich emotional oder körperlich auf einen Partner einzulassen und ziehen sich zurück, um sich selbst zu schützen. In solchen Fällen kann der Liebes- oder Kommunikationsentzug als Schutzmechanismus dienen, der verhindert, dass die Person sich verletzlich macht oder ihre tiefsten Gefühle und Ängste offenbart.

Der Entzug von Liebe und Kommunikation kann wie zu Beginn erwähnt auch als Bestrafung oder Rache innerhalb der Beziehung verwendet werden. Wenn sich ein Partner verletzt oder betrogen fühlt, kann er die Zuneigung oder Kommunikation zurückhalten, um dem anderen Partner Schmerzen zuzufügen oder um ihn zu zwingen, sich schuldig oder reumütig zu fühlen. In solchen Fällen kann der Entzug als Machtmittel eingesetzt werden, um den anderen Partner gefügig zu machen oder um das Gleichgewicht der Macht in der Beziehung zu verschieben.

Für die betroffenen Partner kann der ständige Liebes- und Kommunikationsentzug zu einem Gefühl der Frustration und Machtlosigkeit führen. Sie können sich emotional isoliert und ungeliebt fühlen, was ihr Selbstwertgefühl und ihr Vertrauen in die Beziehung beeinträchtigt. In Beziehungen mit Kindern kann dies auch Auswirkungen auf die Fähigkeit der Eltern haben, effektiv zusammenzuarbeiten und eine stabile, unterstützende Umgebung für ihre Kinder zu schaffen.

Die psychologischen Auswirkungen von Liebes- und Kommunikationsentzug können sich im Laufe der Zeit verschlimmern, insbesondere wenn die betroffenen Partner keine Möglichkeit finden, ihre Bedenken auszudrücken oder Hilfe zu suchen. Sie können sich zunehmend isoliert, unverstanden und ungeliebt fühlen, was zu einer Verschlechterung ihrer psychischen Gesundheit führen kann. In einigen Fällen können sich diese negativen Emotionen in Form von Depressionen, Angstzuständen oder sogar Selbstmordgedanken manifestieren.

In einer Beziehung mit Kindern kann der Liebes- und Kommunikationsentzug auch die Kinder beeinflussen, die die Spannungen und das emotionale Ungleichgewicht zwischen ihren Eltern wahrnehmen. Kinder können verwirrt und verängstigt sein, wenn sie erleben, wie ihre Eltern sich gegenseitig ignorieren oder Liebesbekundungen zurückhalten. Dies kann ihr Vertrauen in ihre Eltern und ihre Fähigkeit, Sicherheit und Unterstützung zu bieten, untergraben. Langfristig kann dies zu Verhaltensproblemen, Ängsten und Schwierigkeiten in ihren eigenen zukünftigen Beziehungen führen.

Trotz der negativen Auswirkungen, die Liebes- und Kommunikationsentzug auf beide Partner und ihre Kinder haben können, gibt es auch Fälle, in denen der Entzug vorübergehend oder unabsichtlich sein kann. In stressigen Zeiten oder Phasen der persönlichen Krise können Menschen Schwierigkeiten haben, ihre Emotionen auszudrücken oder die Bedürfnisse ihres Partners zu erfüllen. In solchen Fällen ist es wichtig, dass beide Partner offen und ehrlich miteinander kommunizieren und versuchen, ihre Probleme gemeinsam zu bewältigen.

Leider gibt es auch Situationen, in denen der Liebes- und Kommunikationsentzug bewusst und manipulativ eingesetzt wird, um Macht und Kontrolle über den anderen Partner auszuüben. In diesen Fällen ist es besonders schwierig für die betroffenen Partner, sich aus der verfahrenen Situation zu befreien und eine gesunde, unterstützende Beziehung aufrechtzuerhalten.

Der Liebes- und Kommunikationsentzug ein komplexes und potenziell schädliches Verhalten, das in Beziehungen auftreten kann, insbesondere in solchen mit Kindern. Die psychologischen Hintergründe für dieses Verhalten können vielfältig sein, von Unsicherheit und Angst vor Intimität bis hin zu Manipulation und Kontrolle. Die betroffenen Partner können mit Frustration, Machtlosigkeit und emotionaler Isolation zu kämpfen haben, während ihre Kinder ebenfalls von den Spannungen und dem emotionalen Auf und Ab betroffen sein können.

Ein Gentleman bedient sich solcher Verhaltensweisen nicht, weil er als selbstbewusster Mann hinter seiner Partnerin steht und es nicht nötig hat, sich diesen subtil primitiven Verhaltensweisen zu unterwerfen. Umgekehrt setzt er sich aber auch nicht solchen Verhaltensweisen aus und beendet eine Beziehung, wenn er ihnen unwiderruflich ausgesetzt ist.

Wie Frauen und Männer abschließen

Wie schließt eine Frau mit einer Beziehung ab?

Wenn eine Frau mit ihrem Partner abgeschlossen hat, kann sich ihr Verhalten und ihre Einstellung auf verschiedene Weise ändern. Eine mögliche Reaktion ist der emotionale Rückzug, bei dem sie sich distanziert und weniger Interesse an gemeinsamen Aktivitäten oder Gesprächen zeigt. Infolgedessen kann sich ihre Kommunikation ändern, indem sie weniger offen über ihre Gefühle und Gedanken spricht und stattdessen sachlich und unpersönlich wird.

Während dieser Zeit kann sie ihre Prioritäten verändern und sich stärker auf andere Aspekte ihres Lebens konzentrieren, wie Freundschaften, Familie, Hobbys oder ihre Karriere. Dies kann dazu führen, dass sie weniger daran interessiert ist, die Beziehung zu ihrem Partner zu verbessern oder aufrechtzuerhalten. In einigen Fällen kann dies auch zu Veränderungen in ihrem sozialen Umfeld führen, bei denen sie sich mehr mit anderen Menschen umgibt oder mehr Zeit ohne ihren Partner verbringt.

Die Veränderungen können sich auch in ihrem persönlichen Verhalten und Aussehen widerspiegeln, beispielsweise indem sie ihre Kleidung oder ihren Stil ändert oder neue Aktivitäten und Interessen entwickelt, die sie unabhängig von ihrem Partner ausübt. Während dieser Zeit kann sie auch beginnen, klarere Grenzen in ihrer Beziehung zu setzen und sich gegen unerwünschtes Verhalten ihres Partners zur Wehr zu setzen.

Letztendlich kann eine Frau, die mit ihrem Partner abgeschlossen hat, offen für die Möglichkeit einer neuen Beziehung sein und sich für andere potenzielle Partner interessieren. Es ist wichtig zu beachten, dass jede Frau individuell ist und unterschiedlich auf das Ende einer Beziehung reagiert. Daher ist es entscheidend, auf die individuellen Bedürfnisse und Gefühle jeder Person einzugehen und respektvoll und unterstützend zu kommunizieren, um herauszufinden, wie man am besten mit der Situation umgeht.

Wie schließt ein Mann mit einer Beziehung ab?

Wenn ein Mann mit einer Beziehung abgeschlossen hat, können sich sein Verhalten und seine Einstellung in verschiedenen Bereichen ändern. Es ist wichtig zu beachten, dass nicht alle Männer gleich sind und individuelle Unterschiede bestehen. Dennoch gibt es einige gemeinsame Verhaltensweisen, die bei Männern auftreten können, wenn sie eine Beziehung als beendet betrachten.

Emotionale Distanzierung: Ein Mann, der mit einer Beziehung abgeschlossen hat, kann sich emotional distanzieren und aufhören, Zuneigung oder Unterstützung zu zeigen. Er kann auch weniger Interesse an den Gefühlen oder Sorgen seiner Partnerin zeigen.

Veränderte Kommunikation: Die Kommunikation zwischen den Partnern kann nachlassen oder weniger offen und ehrlich sein. Ein Mann, der eine Beziehung beenden möchte, kann ausweichend sein oder Gespräche vermeiden, die sich auf die Beziehung oder die Zukunft konzentrieren.

Reduziertes Engagement: Ein Mann, der eine Beziehung als beendet betrachtet, kann aufhören, Zeit und Mühe in gemeinsame Aktivitäten oder Pläne zu investieren. Er kann auch weniger Interesse an der Lösung von Konflikten oder der Verbesserung der Beziehung zeigen.

Verändertes soziales Verhalten: Männer können anfangen, mehr Zeit ohne ihre Partnerin zu verbringen, sich stärker auf Freunde oder Hobbys konzentrieren oder sich neuen sozialen Kreisen anschließen.

Flirten oder Interesse an anderen Personen: Ein Mann, der mit einer Beziehung abgeschlossen hat, kann anfangen, sich für andere Menschen zu interessieren, zu flirten oder sogar eine Affäre zu beginnen.

Gibt es Unterschiede beim Abschluss einer Beziehung zwischen Frauen und Männern?

Frauen, die mit einer Beziehung abgeschlossen haben, zeigen ähnliche Verhaltensänderungen, wie die von Männern, jedoch gibt es einige Unterschiede in der Art und Weise, wie Männer und Frauen ihr Beziehungsende verarbeiten und kommunizieren:

Emotionaler Ausdruck: Frauen neigen dazu, ihre Emotionen offener auszudrücken als Männer. Wenn eine Frau mit einer Beziehung abgeschlossen hat, kann sie eher bereit sein, darüber zu sprechen oder ihre Gefühle und Bedenken mit Freunden oder Familienmitgliedern zu teilen.

Unterstützungsnetzwerke: Frauen haben oft stärkere soziale Unterstützungsnetzwerke als Männer und suchen eher Hilfe und Unterstützung von Freunden und Familie während einer Trennung.

Beziehungsende-Initiative: Studien haben gezeigt, dass Frauen eher dazu neigen, eine Trennung oder Scheidung zu initiieren als Männer. Dies kann darauf hindeuten, dass Frauen möglicherweise eher bereit sind, unglückliche Beziehungen zu beenden und nach neuen Möglichkeiten zu suchen.

Verarbeitung des Beziehungsendes: Frauen neigen dazu, das Beziehungsende eher introspektiv zu verarbeiten und Zeit damit zu verbringen, über ihre Gefühle und Erfahrungen nachzudenken. Männer hingegen können dazu neigen, sich in Aktivitäten oder Ablenkungen zu stürzen, um ihre Emotionen zu vermeiden oder zu unterdrücken.

Neuanfang und Zukunftsplanung: Nach dem Ende einer Beziehung können Frauen dazu neigen, sich auf persönliches Wachstum, Selbstpflege und Zukunftsplanung zu konzentrieren, um sich von der Trennung zu erholen. Männer hingegen neigen dazu, sich eher auf äußere Aktivitäten und das Knüpfen neuer Beziehungen zu konzentrieren, um über die Trennung hinwegzukommen.

Die skizzierten Unterschiede zwischen Frauen und Männern zeigen allgemeine Tendenzen und treffen nicht immer genau auf jeden einzelnen zu. Jeder Mensch verarbeitet das Ende einer Beziehung auf seine eigene Art und Weise, und es gibt viele Faktoren, wie Persönlichkeit, kultureller Hintergrund und individuelle Lebensumstände, die das Verhalten und die Emotionen eines Individuums bei einer Trennung beeinflussen können. Geschlechterstereotypen und gesellschaftliche Erwartungen können ebenfalls eine Rolle dabei spielen, wie Männer und Frauen das Ende einer Beziehung bewältigen. Männer können sich aufgrund von Stereotypen, die sie als stark und unabhängig darstellen, unter Druck gesetzt fühlen, ihre Emotionen zu verbergen oder schneller über eine Trennung hinwegzukommen. Frauen hingegen können sich aufgrund gesellschaftlicher Erwartungen, die ihnen eine größere emotionale Sensibilität zuschreiben, eher erlaubt fühlen, ihre Trauer und Verletzlichkeit auszudrücken.

Das Ende einer Beziehung und die damit verbundenen Verhaltensänderungen sind sowohl für Männer als auch für Frauen eine komplexe und emotionale Erfahrung. Obwohl es Unterschiede in der Art und Weise geben kann, wie Männer und Frauen eine Trennung verarbeiten, ist es wichtig, die individuellen Bedürfnisse und Erfahrungen jedes Einzelnen zu respektieren und anzuerkennen. Durch gegenseitiges Verständnis und Unterstützung können sowohl Männer als auch Frauen lernen, mit dem Ende einer Beziehung umzugehen und in die Zukunft zu blicken. Ein Gentleman besinnt sich auch am Ende einer Beziehung auf seine Werte und bietet der Mutter seines Kindes/seiner Kinder auch unter großem emotionalem Druck seine Unterstützung an. Das Ende einer Beziehung mit Kindern ist für ihn sicher nicht einfach, aber er setzt alles daran, den Kontakt und die Liebe zu seinen Kindern auch nach dem Scheitern der Partnerschaft aufrechtzuerhalten.

Wenn eine Frau oder ein Mann innerlich mit einer Paarbeziehung abgeschlossen hat, ist die Beziehung beendet - unabhängig davon, ob sie oder er noch mit der Partnerin oder dem Partner zusammen ist oder nicht. In den meisten Fällen ist dies für den betroffenen Partner oder die betroffene Partnerin schwer zu ertragen.

Nachwort

Wenn eine Beziehung in die Brüche geht, heißt es oft: „Hätte ich das gewusst, wäre alles anders gekommen".

Mein Appell an Sie als Mann und Gentleman lautet daher: „Sprechen Sie darüber, bevor es zu spät ist."

In diesem Buch haben Sie die verschiedenen Aspekte und Herausforderungen von Paarbeziehungen kennen gelernt, die psychologischen Hintergründe untersucht und erfahren, wie Männer den Prozess abkürzen, verbessern und eine erfüllende Beziehung zu Frau und Kindern aufbauen können. Sie haben gelernt, dass Kommunikation, Selbsterkenntnis und persönliche Entwicklung entscheidend sind, um eine dauerhafte und liebevolle Partnerschaft zu ermöglichen, insbesondere wenn es um das Zusammenleben mit Kindern geht.

Ich möchte Sie als Männer und Gentlemen ermutigen und dazu auffordern, sich auf die Werte eines Gentlemans zu besinnen und die Bedeutung regelmäßiger Kommunikation in einer Beziehung zu erkennen. Offenheit, Ehrlichkeit und gegenseitiger Respekt sind die Eckpfeiler einer erfolgreichen Partnerschaft.

Durch aufmerksames Zuhören, das Teilen von Gefühlen und Sorgen und die gemeinsame Suche nach Lösungen können Sie eine tiefere emotionale Bindung zu Ihrer Partnerin aufbauen und gemeinsam wachsen.

Lieber Gentleman, denken Sie daran, dass Ihre Werte und Ihr Verhalten eine wichtige Rolle dabei spielen, wie erfolgreich und erfüllend Ihre Beziehung zu einer Frau und ihrer Familie ist oder sein wird. Seien Sie verantwortungsbewusst, respektvoll und einfühlsam, nicht nur gegenüber Ihrer Partnerin, sondern auch gegenüber Ihren Kindern. Eine stabile und liebevolle Beziehung bietet den idealen Rahmen, um auch als Familie zusammenzuwachsen und sich gemeinsam den Herausforderungen des Lebens zu stellen.

Die Zukunft und damit Ihr Glück liegt in Ihren Händen!

„Im Leben geht es nicht darum, sich richtig oder gar perfekt zu verhalten, sondern darum, dem ganzen Chaos einen Sinn zu entlocken."

Jesper Juul

„Du kannst deinen Kindern deine Liebe geben, nicht aber deine Gedanken. Sie haben ihre eigenen."

Khalil Gibran

Notizen:

Notizen: